A ATOM
de Liverpool
Que le Seigneur et la sainte-
Vierge-Marie le comblent de grâces
Avec les souhaits que les icônes
de Jésus et de Marie viennent en Royau-

L'icône de Toulouse
« Marie, Porte du Ciel »

me uni.

Paul de Soos

De la part de Jean Bouveur
à son ami et frère Tom Gilmore
à la dame et toute la famille
en bénédiction et allégresse du
Seigneur et de la Mère Marie...
en communion avec Patricia
Joan et Jennifer Tom Bethell
et Bob Foster et les amis et frères
de Liverpool
Saulty 24 Oct 95

Jean Bouveur

L'ICÔNE DE TOULOUSE « Marie, Porte du Ciel »

Récit des premiers témoins

Préface du Père Daniel-Ange

Témoignages d'Olivier Clément
et Cyrille Auboyneau

François-Xavier de Guibert
3, rue Jean-François-Gerbillon, 75006 Paris

S.S. le Pape Paul VI a confirmé, en date du 14 octobre 1966, le décret émanant de la Sacrée Congrégation pour la Propagation de la Foi, sub n° 58/16 (A.A.S.) et permettant la publication des écrits relatifs aux apparitions surnaturelles, même si elle ne porte pas le « nihil obstat » de l'Autorité Ecclésiastique.

ISBN 2-86839-327-6

Cette deuxième édition du livre « Marie, Porte du Ciel », tient compte des souhaits recueillis lors de la parution de la première édition. Que les auteurs, l'éditeur, les lecteurs et tous ceux qui ont contribué à sa parution reçoivent les grâces et les bienfaits accordés par Jésus et Marie en signe de reconnaissance.

Restons plus que jamais profondément enracinés dans nos convictions en la foi et en l'obéissance au Saint Père le pape. Que la lecture de ce livre nous aide à porter les fruits qui s'appellent : prière, espérance et Amour.

N'ayons pas peur de recevoir l'Amour de Dieu et de le donner au prochain.

Paul Gardey de Soos.

Le 28 janvier 1995,
en la fête de Saint Thomas d'Aquin.

PRÉFACE DE LA MESSE EN L'HONNEUR DE

MARIE, PORTE DU CIEL

Vraiment, il est juste et bon de te rendre gloire,
de t'offrir notre action de grâce,
toujours et en tout lieu,
à toi, Père très saint, Dieu éternel et tout-puissant.

Pour célébrer la Vierge Marie,
c'est à toi que s'adressent nos louanges.

Elle est la Vierge Mère,
dont *la porte* orientale du Temple était la figure :
C'est par elle que le Seigneur est passé ;
pour lui seul elle s'est ouverte
et ensuite elle est demeurée close.

Elle est la Vierge très humble
qui nous a ouvert *la porte* de la vie éternelle :
Ève l'avait fermée par son manque de foi,
Marie l'a rouverte grâce à sa foi.

Elle est la Vierge suppliante
qui intercède pour les pécheurs
pour qu'ils se tournent vers Son Fils,
Source de la grâce et *porte* ouverte du pardon.

C'est par lui que les anges…

PRÉFACE

Derrière un signe, déceler une signification

J'ai eu la grâce d'être personnellement témoin du signe, dès ses tout débuts, à Montréal. La photo qui a fait le tour du monde, en étant reproduite par centaines de mille (celle de Toulouse en est un exemplaire) a été prise devant moi, un lundi de Pentecôte par mon ami André Rostworowski, directeur des émissions télévisées « Rassemblement à son image ». Depuis douze ans, je n'ai cessé d'être le témoin privilégié des grâces accordées à une multitude, de toutes nations, à travers cette myrrhe odoriférante.

C'est de ce même phénomène d'effusion d'huile que je suis témoin depuis plusieurs années sur l'Icône de Toulouse, dont ce livre raconte l'histoire authentique. A ce récit, je veux contribuer par quelques réflexions personnelles.

I. Une icône : signe du rassemblement Orient-Occident

Il est hautement significatif que ce signe ne soit pas donné à partir d'une statue ou d'une image occidentale (peinture, dessin), le progressif « estrangement » (Congar) entre Orient et Occident chrétien, se consommant, pour ce qui est de l'art, après Giotto, l'icône est devenue typique de la théologie et de la spiritualité orientales. Cela signifie trois choses précises :

1. *Un retour à une vision théologique et patristique*

Ce n'est pas le lieu de développer le sens profond des icônes [1]. Mais il faut simplement rappeler qu'à la différence d'une représentation occidentale, l'icône est une théologie en lignes et en couleurs, chaque détail y étant significatif d'une vérité doctrinale. La théologie des Pères s'y condense, la tradition s'y fait visible à nos yeux. Il s'agit donc d'un appel à s'enraciner dans la grande Tradition patristique de l'Église. Ceci étant par ailleurs le meilleur antidote à tous les spiritualismes contemporains, ainsi qu'à toutes les dérives théologiques de certains courants « théologiques » catholiques en Occident, venant presque toutes du déséquilibre théologique, conséquence dramatique du débranchement de notre tradition orientale. Jean-Paul II, dans *Patres Ecclesiae* (1990), rappelait énergiquement l'urgence, dans toutes les maisons de formation, de donner la priorité, après la Parole de Dieu, à l'étude des Pères (voir mon *Guetteur*, p. 101).

En plus de sa signification théologique, l'icône est « porteuse de la Présence ». Miraculeuse ou non, elle est objet de vénération. Jean-Paul II, dans sa grande

---

1. Je l'ai fait dans mon commentaire de l'icône de la Trinité de Roublev (*L'Étreinte de Feu*, DDB).

lettre pour le centenaire du VIIe concile œcuménique le rappelait avec force, recommandant la vénération des saintes icônes à toute l'Église catholique de par le monde. La « désenclavant » ainsi du monde uniquement oriental. L'icône est un trésor pour toute l'Église.

Il y voyait entre autres une des réponses à l'idolâtrie du corps. On pourrait synthétiser ainsi sa pensée : « l'iconographie est antidote à la pornographie » [2].

2. *Une invitation à respirer avec nos deux poumons*

Il faut replacer cette manifestation d'une icône en Occident dans l'immense processus de remembrement des deux Églises-sœurs, orthodoxe et catholique, et plus largement dans l'urgence de respirer avec nos deux poumons – l'oriental et l'occidental – comme ne cesse de le rappeler Jean-Paul II. Il faudrait relire ici la grande charte de l'œcuménisme avec l'orthodoxie que demeure la lettre du Pape de Rome pour le millénaire de la Sainte Russie, en 1988. Texte fondamental qui situe parfaitement nos relations entre Églises-sœurs, avec cette affirmation catégorique :

« Et quand la pleine communion fut brisée, les deux Églises conservèrent fondamentalement intact le dépôt de la Foi apostolique. L'universalité et la plu-

---

2. *Le Catéchisme de l'Église catholique* revient fréquemment sur l'importance et la signification des icônes, recommandées jusque dans les oratoires domestiques, ces coins-prière en train de partout fleurir en Occident. Enfin ! (N° 2691.)
Citant abondamment Nicée II et saint Jean de Damas, le Catéchisme insiste fortement sur le lien de l'iconographie sacrée et du mystère de l'Incarnation : « *La contemplarion des icônes saintes... entre dans l'harmonie des signes de la célébration, pour que le mystère célébré s'imprime dans la mémoire du cœur* » (n° 1159-1161 et 2502).

ralité n'ont pas cessé, malgré la tension qui existait, d'échanger des dons inestimables. »

Avec l'Orthodoxie, on s'oriente de plus en plus vers « un œcuménisme d'immersion dans le mystère de l'autre Église », suivant la belle expression de Vladimir Zielinsky. En précisant : « Nos crises inverses nous invitent à retrouver la vérité de l'une dans la vérité de l'autre. Le meilleur œcuménisme ne serait-il pas le réveil des forces spirituelles latentes qui dorment, non réalisées, à l'intérieur de chaque Église ? »

« Il n'y a rien de plus urgent que le rapprochement entre le patrimoine spirituel de l'Orient et la culture occidentale... La division historique des Églises est une blessure toujours ouverte... Il s'agit de reconstituer l'unité perdue, d'Est en Ouest et du Nord au Sud, et de respirer à pleins poumons au cœur de l'œcuménisme, dans la fraternité reconstituée de l'unité spirituelle initiale des enfants de Dieu » (Jean-Paul II, Symposium international sur Ianov, mai 83).

Ce n'est pas le lieu de développer ces perspectives, sinon pour souligner que le signe qui nous interroge ici est manifestement une indication pour les catholiques d'Occident à s'ouvrir à leurs trésors d'Orient. Comme aux baptisés d'Orient (catholiques, mais encore plus particulièrement orthodoxes) à s'ouvrir à la vie de leur Église-sœur en Occident [3].

Jusqu'à présent, les apparitions mariales semblaient réservées à l'Occident latin. Et les « miracles d'icône » à l'Orient. Or, voici que des « apparitions » ont lieu à l'Est et des icônes se « manifestent » à

---

3. Je développerai ceci in *Guetteur II* : « Les Feux de l'aube, les vois-tu ? »

l'Ouest. Et qui plus est, chez des... catholiques (pour ce qui est de celle de Toulouse). A la grande stupeur de certains frères orthodoxes. Ne pas oublier non plus que l'originale de Portaïtissa est au Mont-Athos, fief – pour certains monastères du moins – de l'intégrisme orthodoxe. Cette dimension me paraît lourde de sens. Car au-delà du choix très précis d'une icône pour se manifester ainsi, la Mère de Dieu nous renvoie *ipso facto*, non seulement à la théologie sous-jacente, mais encore à la manière orientale d'appréhender des faits miraculeux de ce genre. En Orient, on est très habitué à ce type de manifestation que nous appelons en Occident « surnaturelle ». Les icônes qui exsudent de la myrrhe, qui se restaurent instantanément, après des siècles d'usure, etc., j'oserais dire, font presque partie de la vie normale de l'Église. Dès qu'un évêque reconnaît le signe, il est immédiatement offert au peuple de Dieu. Retiré de la maison particulière où l'icône s'est manifestée, et placée dans une église [4].

3. *Une actualisation du mystère de l'Incarnation*

Enfin, de quelle icône s'agit-il ? De quel mystère précis ? Entre tous les différents mystères ou épisodes de l'Évangile, entre les centaines d'icônes possibles, il s'agit très précisément de « l'Enfant et sa Mère », du mystère même de l'Incarnation, et non de la Résurrection, Ascension, Pentecôte, que sais-je...

4. Par contre, j'ai vu dans une famille orthodoxe de New York, une icône de la Mère de Dieu, pleurant chaque vendredi. L'évêque, après reconnaissance canonique, l'avait placée dans sa cathédrale, mais voyant qu'elle n'y pleurait plus, il en a conclu qu'elle préférait les humbles demeures des fidèles, et l'a restituée à la famille où l'on venait la vénérer.

Ce choix très particulier me paraît lourd de sens. Nous vivons, en cette fin de millénaire, le nouvel Avent préparant non un anniversaire, mais une mystérieuse ré-actualisation du mystère de l'Incarnation, comme Jean-Paul II le souligne si fortement dans son encyclique sur le Saint-Esprit. Ce signe nous oriente (le mot exact !) vers ce Noël de l'an 2000 qui va ouvrir le nouveau millénaire.

Encore plus précisément, il s'agit du geste où la Mère de Dieu présente l'Enfant à l'adoration. Il évoque le triple « l'enfant et sa Mère » qui, dans le récit de l'adoration par les mages, en Matthieu, remplace le « Marie... et le Nouveau-né » de l'adoration des bergers en Luc. C'est à proprement parler une icône de Dieu-enfant dans les bras de sa Mère. C'est lui qui est premier. Non elle. C'est une icône du Christ, dans le mystère de son enfance.

Or, ce mystère est l'actualité théologique la plus urgente pour notre monde. Dieu-enfant est la réponse même aux caricatures de Dieu qui ont suscité d'une part l'athéisme, de l'autre l'explosion mystique sauvage actuelle.

C'est donc bien sur ce mystère du Corps de Dieu, et par suite de Marie en tant que Mère de Dieu, que le signe braque le regard de notre Foi.

Par ailleurs, il s'agit de la Portaïtissa. Marie, en tant que celle qui fait franchir le seuil du Royaume, Celle qui veille aux portes de la Jérusalem d'en-haut. Et ici, l'icône nous branche sur l'urgence de « zoomer » ce mystère de notre passage, de notre Pâques de la terre au ciel. Elle, qui s'est faite Porte de Dieu pour notre terre, en est devenue la Porte du Ciel pour ceux de la terre. Elle fait entrer les enfants de Dieu au ciel. A une époque où la mort est tellement galvaudée, prostituée – on n'exhibe que l'aspect violent et horrible, exacerbant la morbidité – ou au contraire, systématiquement évacuée, occultée, elle est un rappel saisissant qu'à l'heure de notre Pâques, Elle sera là pour nous présenter son Enfant, comme nous le chantons dans le *Salve*, et pour nous introduire au Royaume, comme tant de tropaires le chantent à l'envi [5]. Telle l'icône miraculeuse, de la Porte *Iverskaïa*, par laquelle on accédait à la Place Rouge, et que le Tsar allait toujours honorer, Elle, la Vierge Ibérienne (Porte du Ciel), avant d'entrer au Kremlin [6].

II. Ce que signifie un signe miraculeux

Maintenant, quelques perspectives ouvertes par le fait d'un signe.

1. *Incarnation et inculturation. L'équilibre entre matérialisme et spiritualisme*

D'abord, remettre les signes sensibles dans le contexte d'une époque où tout se situe et s'appréhende au niveau des sens, pour ne pas dire du sensuel. Cette explosion de « sensualité » est, en partie, réaction contre un intellectualisme desséchant, un christianisme se présentant de plus en plus en Occident sous un aspect cartésien et rationnel. D'où cette irruption de mystique sauvage, s'exprimant dans l'irratio-

5. A noter comrne l'expression « Porte » est appliquée à la Mère de Dieu, autant en Occident qu'en Orient. Dans les antiennes latines : « Porte étincelante du Ciel » (*Inviolata*), « Salut, porte d'où sur le monde a jailli la lumière » (*Ave Regina Caelorwn*), « Toi, bienheureuse Porte du Ciel » (*Ave Maris stella*), « Porte du Ciel toujours ouverte, Étoile de la Mer » (*Alma redemptoris Mater*).
6. Elle fut secrètement rasée dans la nuit du 29 juillet 1929. On reconstruit maintenant cette chapelle à l'angle nord de la Place Rouge.

nalisme de l'ésotéro-occultisme, du message et de toute la nouvelle religiosité païenne. Nous passons en quelques années de l'athéisme le plus glacial au panthéisme le plus « tropical ». Du matérialisme le plus étouffant au spiritualisme le plus exubérant, de l'agnosticisme pragmatique au gnosticisme mystique.

Or, la réponse ici n'est pas de se raidir dans un rationalisme méprisant, mais bien d'offrir cette conséquence du mystère de l'Incarnation : depuis que Dieu a voulu atteindre mon corps par son Corps, sa grâce passe à travers d'humbles signes sensibles. C'est l'étonnante économie sacramentelle. Les plus prodigieuses des révolutions s'opèrent au moyen de petits signes matériels : devenir enfant de Dieu, grâce à un peu d'eau. Le Christ présent en sa chair, grâce à un peu de pain, etc.

Or, ces derniers temps en Occident, on a beaucoup minimisé le *rayonnement sacramentel dans la création* : l'humble réalité des *sacramentaux*, se situant dans le sillage des sacrements. Dans la liturgie on les a évacués au point de les brader systématiquement, alors que l'Église catholique, en tant que telle, ne les a jamais mis de côté (Catéchisme de l'Église catholique, n° 1667 et suivants). Le livre des bénédictions vient d'ailleurs d'en rappeler l'importance. Ce signe de la myrrhe est à situer dans ce contexte sacramentel au sens large : un signe matériel porteur de grâce, pour ceux qui le reçoivent avec foi et amour. C'est comme si Marie voulait participer, non seulement au remembrement du corps du Christ, mais aussi à ce rééquilibrage de l'expression religieuse. Par ailleurs, Jean-Paul II insiste régulièrement sur le respect de la religiosité populaire qui passe beaucoup par les signes. Il faut la purifier, l'éclairer, certes, mais non la brader ou la mépriser. Le Catéchisme de l'Église catholique a des paroles très fortes et belles sur sa nécessité dans l'Église [7]. Marie, ici, d'un côté se situe dans la grande tradition théologique de l'économie sacramentelle, de l'autre fait preuve d'*inculturation.* Elle répond au besoin inné de l'homme contemporain. Elle le rejoint dans sa culture propre, dans ses requêtes, inséparablement sensuelles et spirituelles (les deux s'alliant dans l'ésotéro-occultisme).

Le signe d'un côté ramène le spirituel au concret, au tangible. De l'autre, évite de planer, de phosphorer. Il élève le matériel en lui donnant une signification spirituelle. En le rendant porteur d'Esprit.

Souligner en passant le fait intéressant qu'il s'agit d'un signe relevant du mystère de la Création. C'est une *matière* neuve, créée, sans lien apparent avec la matière dont elle surgit. Aucun bois, aucun papier ne peut générer de l'huile parfumée. On y surprend Dieu *en train de créer* dans l'ordre de la matière. Et c'est une très belle réponse aux gnoses cosmiques contemporaines. Le Cardinal Ratzinger insiste beaucoup sur cette nécessité urgente et une saine théologie de la création [8].

2. *Accessible à tous, surtout aux esprits scientifiques et aux cœurs d'enfant*

A souligner qu'il s'agit ici d'un signe accessible absolument à *tous*. Dans le cas d'une apparition, les

7. Les expressions de la foi populaire... « prolongent la vie liturgique de l'Église. La religiosité populaire est un ensemble de valeurs qui, avec sagesse chrétienne, répond aux grandes interrogations de l'existence » (n° 1676, citant le document de Puebla).
8. Voir entretien dans *Le temps de l'Église*, janvier 1994.

« voyants » sont un intermédiaire entre le signe et nous. Ici, *nulle médiation*. Tous y ont accès. Sorte de démocratisation d'un signe. Et les témoins directs sont donc légion. En fait, il faut avoir un esprit scientifique et un cœur d'enfant pour y accéder.

Un esprit scientifique : l'attitude scientifique de base est l'humilité devant le réel. On ne part pas d'une idée préconçue, d'une idéologie abstraite, d'un principe conventionnel pour ensuite le prouver inconditionnel. On commence par le constat objectif des faits, dans leur brutalité, leur objectivité, et à partir de là, on échafaude des hypothèses. Ou s'il y a hypothèse ou théorie de départ, on le soumet au test du réel, on le vérifie.

Ceux qui d'avance, *a priori*, s'obstinent à nier toute interférence surnaturelle, n'ont pas une attitude scientifique.

Une autre attitude scientifique et rationnelle serait de prendre comme hypothèse de départ l'idée qu'il s'agit d'une intervention de Dieu, et à partir de là, de chercher à en vérifier la pertinence, à en voir les fruits.

Mais surtout, *un cœur d'enfant* : pour accueillir un tel signe, une mentalité vraiment scientifique ne suffit pas. Il y faut une âme de pauvre, un de ces cœurs d'enfant qui, loin de critiquer, suspecter, se méfier, se récrier, accueille simplement, sans tergiverser, sans biaiser, sans pinailler, simplement, paisiblement. Une fois qu'avec un peu de *bon sens*, le signe est reconnu.

En fait, il s'agit d'un signe de contradiction : ou on l'accueille, ou on y achoppe. Tel un test d'un esprit d'enfance spirituelle, tout autant d'ailleurs que de notre bon sens de « paysan ».

Et, en sens inverse, l'accueillir, c'est en recevoir un cœur d'enfant : c'est grandir vers notre éternelle Enfance. Et ce n'est pas la moindre grâce de ce parfum.

S'il s'agit effectivement d'une intervention directe, personnelle, de Dieu en tant que Créateur, alors, c'est un miracle. On a largement sous-estimé l'importance des miracles, et dans l'Évangile et tout au long de l'histoire de l'Église, tout particulièrement dans les vies de saints, et dans les lieux de pèlerinage : c'est-à-dire, là où un peuple est éveillé à la prière, à la ferveur, donc s'ouvre à une présence de Dieu pouvant se manifester par des signes. Il faudrait citer ici les innombrables textes patristiques faisant la théologie et l'apologie des miracles [9].

Le Catéchisme de l'Église catholique vient de rappeler que le « Royaume du Christ manifeste déjà sa présence par les signes miraculeux qui accompagnent son annonce par l'Église » (n° 670).

Et Jean-Paul II achève ses quatre catéchèses sur les miracles en disant : « C'est par ce nom que les signes ont été accomplis par les Apôtres et par tant de saints dans l'Église. Aujourd'hui encore, des miracles se produisent et, en chacun d'eux, c'est le visage du "fils de l'Homme, Fils de Dieu" qui se dessine, un don de grâce et de salut qui s'affirme » (18 novembre 1987).

---

9. Quand saint Augustin pense que cela est réservé aux premiers temps de l'Église, il est obligé de se rétracter humblement vingt-cinq ans plus tard, tellement il en a vu, des miracles, surtout liés à l'Eucharistie et au Baptême (voir G. Bentivegna, sj., *Dons charismatiques chez S. Augustin*, Pneumathèque, 1992).

III. Le signifié

Enfin, il nous faut clore par la signification profonde d'une huile parfumée. Tout au long de la Bible, comme de la Tradition des Pères, l'huile comme le parfum sont tous deux signes de l'Esprit Saint. Dans son entretien avec Motovilov, saint Séraphim de Sarov, dont la présence – comme celle des jeunes confesseurs de Lyon marchant vers leur martyre dégage un parfum extraordinaire, l'explique : « Rien ne peut se comparer avec le parfum que nous humons actuellement, car c'est l'aromate de l'Esprit Saint qui nous enveloppe... quelle chose terrestre peut lui être comparée ? C'est ce "royaume des cieux" qui se trouve à présent en nous et la grâce de l'Esprit Saint nous éclaire et nous réchauffe aussi de l'extérieur, et embaume l'air environnant de divers parfums et rejouit nos sens de célestes délices, désaltérant nos cœurs d'une inexprimable joie. Notre état actuel est celui-là même dont l'apôtre Paul disait : "Le royaume des cieux n'est point nourriture ou breuvage mais la vérité et la joie en l'Esprit Saint". »

Qu'il nous suffise de souligner que le signe qui nous occupe ici nous montre la Mère de Dieu répandant l'huile de l'Esprit, de la Compassion, de la Miséricorde sur les plaies de l'humanité blessée. Ce qu'elle n'a pas eu à faire pour le corps de son propre Fils, ce que même les myrrhophores n'ont pu faire le matin de Pâques – et pour cause ! – Marie le fait maintenant sur l'immense corps de son Fils : le Corps-Église, le Corps-Humanité, qui, de la tête aux pieds, n'est que meurtrissures (Is 1). Marie se montre médecin. Elle a le secret de ce baume dont le nom est Esprit Saint. De ses mains, comme du côté ouvert de son Fils, elle le répand en surabondance. Comme l'autre Marie l'avait fait à Béthanie sur le Corps du Bien-Aimé.

Pour cette petite source, si simple, si humble, si transparente, tranquille et si douce, comment ne pas bénir le Seigneur ? Avec un cœur d'enfant, et pour en recevoir un cœur d'enfant, une âme de pauvre, un visage de joie.

Pour nous aimer ainsi, tels que nous sommes, sois bénie, Marie !

P. DANIEL-ANGE

Sanctuaire de N.-D. du Laus (où la présence de Marie se manifeste par le parfum).
Ce 22 août 1993,
Fête de Marie, Reine de la Création.

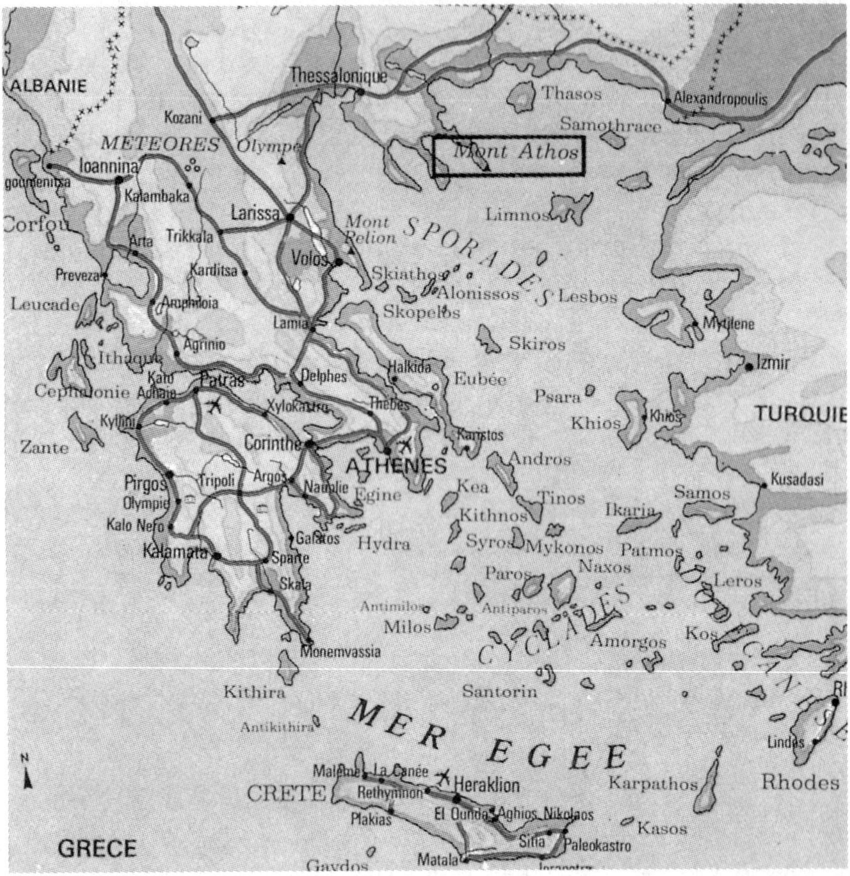
ALBANIE
Thessalonique
Thasos
Alexandropoulis
Samothrace
Kozani
METEORES
Olympe
Mont Athos
Ioannina
Kalambaka
Larissa
Limnos
Corfou
Mont Pelion
SPORADES
Arta
Trikkala
Volos
Preveza
Karditsa
Skiathos
Alonissos
Lesbos
Leucade
Skopelos
Lamia
Mytilene
Skiros
Agrinio
Ithaque
Halkida
Izmir
Delphes
Patras
Eubée
Psara
Cephalonie
Xylokastro
Thèbes
TURQUIE
Kyllini
Khios
Corinthe
Karistos
Zante
ATHENES
Andros
Pirgos
Tripoli
Argos
Kea
Kusadasi
Nauplie
Samos
Egine
Tinos
Ikaria
Kalo Nero
Kithnos
Galatos
Hydra
Syros
Mykonos
Patmos
Kalamata
Sparte
Naxos
Paros
Leros
Skala
Antimilos
Antiparos
Milos
CYCLADES
Amorgos
Kos
Monemvassia
Kithira
Santorin
Antikithira
MER EGEE
Lindos
Maleme
La Canée
Heraklion
Karpathos
Rhodes
CRETE
Rethymnon
Plakias
El Ounda
Aghios Nikolaos
Kasos
GRECE
Sitia
Paleokastro
Matala
Gavdos

HISTOIRE
DE LA « PORTAÏTISSA »

Traditions sur une icône millénaire voulant demeurer à la porte

La véritable *Portaïtissa*, qui date d'environ mille ans, existe toujours : elle est conservée dans un monastère du Mont Athos.

A vrai dire, ceux qui ont pu la regarder disent qu'on ne voit plus nettement ce qu'elle avait dû être, à l'origine.

Les silhouettes de la Mère et de l'Enfant, les inscriptions, sont recouvertes par des plaques d'argent, incrustées de pierres ! Seuls, apparaissent encore les deux visages de Marie et de Jésus, mais noircis par la fumée des cierges et l'évolution du vernis...

Et pourtant, c'est bien elle qui est à l'origine de cette vénération à la *Portaïtissa*, si répandue aujourd'hui en Orient et en Occident.

Ce qui demeure toujours perceptible, c'est comme une cicatrice sur la joue droite de la Vierge, trace d'un vrai coup de sabre l'ayant atteinte et qui aurait provoqué, à l'endroit de la « blessure », un jaillissement de sang...

Cette cicatrice ramène aux périodes d'affrontements violents qui opposèrent pendant les crises

« iconoclastes » ceux qui acceptaient les icônes comme appuis de leurs prières et ceux qui les refusaient, parce qu'occasions d'idolâtrie. C'était au temps des empereurs Léon III, l'isaurien, puis Léon V, l'arménien.

L'icône existait donc à cette époque reculée, marquée par cette pénible querelle que le concile de Nicée apaisa, en légitimant officiellement le culte des icônes.

La « tradition » enseigne qu'une pieuse veuve, à Nicée, craignant d'autres profanations pour son icône déjà « blessée », aurait préféré la jeter à la mer (la fureur des flots serait moins redoutable que la fureur des sectaires...)... qui la conserva, sans qu'elle en fût abîmée, jusqu'à ce jour où deux moines la retrouvèrent, déposée par les flots sur un coin du rivage, non loin du site où s'élevait leur monastère, à Iviron, au Mont Athos.

L'ayant recueillie avec émotion, ils crurent bien faire en la plaçant dans l'église de leur monastère.

Le lendemain, tout étonnés, ils constatèrent sa disparition.

Ils la retrouvèrent... près de la porte d'entrée de l'église.

Nouvelle installation ***dans*** l'église.

Nouveau déplacement ***dehors***...

Et ceci, pendant plusieurs jours.

La communauté monastique aurait alors décidé de la laisser « à la porte », puisque ce semblait être son désir.

Un petit sanctuaire fut donc édifié, à cet emplacement, pour y abriter la « Portaïtissa », l'icône de celle qui ne voulait être que la « *gardienne de la porte* ».

Elle resta, tout au long des siècles, en grande vénération dans ce monastère qui la fêtait solennellement chaque mardi de Pâques, en l'anniversaire de sa découverte sur le rivage.

C'est vers 1920 qu'un moine remarquablement doué aurait fait, en s'inspirant d'elle, une copie très libre mais particulièrement belle, qui est devenue, à la suite de ce qui va être raconté plus loin, l'« icône de Montréal ».

Photo de l’icône « Marie, Porte du Ciel », reproduction de celle existant à l’Église Saint Serge de Moscou, offerte à Paul de Soos par le métropolitain de l’église orthodoxe de Genève.

LA DÉVOTION RUSSE A LA « PORTAÏTISSA »

L'icône de la *Portaïtissa* (la « Vratarnista », en russe) a été entourée, au long des siècles, d'une grande dévotion de la part du peuple russe. Elle était vénérée presque à l'égal de la fameuse Vierge de Smolensk.

Dès le XIe siècle, des pèlerins russes, revenant du Mont Athos, avaient ramené chez eux des reproductions de la *Portaïtissa* d'Iviron. Des centaines d'entre elles auraient été, d'après le Patriarcat de Moscou – qui en possède d'ailleurs une –, miraculeuses, à l'origine, notamment, de beaucoup de guérisons.

En 1613, un mouvement national plaça sur le trône Michel Romanov, issu d'une lignée promue par le mariage d'Ivan le Terrible avec Anastasia Romanov. Et Alexis, son fils, lui succéda comme tsar.

Cet Alexis Romanov demanda, avec l'appui de l'archimandrite Nikon, futur patriarche de toutes les Russies, une copie de l'icône vénérée aux iconographes de « la sainte montagne ». Celle-ci fut reçue en grande pompe à Moscou, le 13 octobre 1648 (13 octobre, le jour où se produisait, en 1917, le grand miracle du soleil, à Fatima).

En 1669, elle fut solennellement installée dans une chapelle édifiée au centre même de la cité, élevée entre les deux passages par lesquels on accédait à la « place Rouge ».

Les pèlerins y affluaient, de jour comme de nuit, car elle était accessible en permanence. Aucune heure de fermeture pour la Vierge...

Il s'agissait d'orthodoxes (la rupture avait eu lieu entre l'Orient et l'Occident, depuis le regrettable conflit qui opposa le patriarche de Constantinople et le pape, résidant à Rome...), mais aussi de chrétiens d'autres confessions et même de l'islam, par le biais de musulmans du Caucase. Et pendant plus de deux siècles, très précisément 260 ans, la chapelle attira les foules de Moscou, qui s'y côtoyaient pour se mettre sous la protection de la *Vratarnista* : ouvriers et paysans, artistes et savants, intellectuels et membres de la haute société.

Les tsars eux-mêmes se montraient très attachés à ce culte de leur peuple. Ils tenaient, par exemple, à faire leur entrée au Kremlin par ces « portes de la Résurrection » entre lesquelles avait été élevé le petit sanctuaire marial.

Nicolas II, notamment, ne manquait jamais quand il résidait à Moscou – de venir se recueillir devant la *Vratarnista*.

Alexandra Feodorovna, son épouse, tint à s'y rendre, au cours de la nuit précédant les cérémonies pour son couronnement d'impératrice.

Cette ferveur ne cessa pas avec l'arrivée, en 1917, des nouveaux maîtres de la Russie, qui entraîna en tant d'autres endroits la profanation des sanctuaires et la destruction même d'innombrables églises. Au contraire, la « place Rouge » étant devenue l'espace où se déroulaient les grandes parades révolutionnaires, le petit sanctuaire ne désemplissait pas...

Dans la nuit du 29 juillet 1929, la chapelle fut rasée et l'icône... cachée ! (Celle-ci ne fut retrouvée que bien plus tard, dans l'église de Sokolniki, avec des preuves certaines de son authenticité.)

Ce sacrilège provoqua la stupeur de la Russie chrétienne et n'empêcha pas les fidèles de continuer à venir se recueillir, au péril de leur vie, sur le site de la chapelle détruite. On est en train de reconstruire cette chapelle sur la place Rouge.

Vue de la porte derrière laquelle s'ouvre la place Rouge. On distingue entre les deux passages le petit édifice où fut placée de 1669 à 1929 (soit 260 ans !) l'image de la « Vratarnista ».

« L'ICÔNE DE MONTRÉAL »

On ne peut qu'être troublé lorsqu'on étudie les versions qui racontent l'histoire de cette icône.

Pourquoi de telles divergences ? Les choses n'ont pu se passer que d'une certaine manière...

Où est la vérité ?

Trois certitudes se dégagent finalement et elles concernent l'essentiel :

1. Fin 1982, l'icône appartenait à un certain José Muñoz.
2. C'est chez lui, à Montréal (Canada), que se produisit le prodige d'effusion d'huile parfumée ; prodige qui n'a pas cessé depuis...
3. L'icône a été exposée et vue par des milliers d'observateurs :

– soit chez lui
– soit dans la petite cathédrale orthodoxe de Montréal
– soit dans des chapelles ou églises du Canada, des États-Unis, de bien d'autres pays, et même de France, provoquant partout des phénomènes analogues d'exsudation sur un grand nombre de copies, approchées d'elle.

Ceci étant précisé, José Muñoz est-il catholique ou orthodoxe, passé ou revenu de l'une de ces églises vers l'autre ?

Il n'est pas facile d'être catégorique sur ce point, car José Muñoz, homme assez réservé, se prête difficilement aux interviews et a, peut-être, des raisons personnelles de ne pas trop préciser à quelle église le rattache son cœur aujourd'hui, compte tenu de son évolution spirituelle et des rapports délicats qui existent entre les différentes juridictions chrétiennes au Canada.

Autre interrogation : l'icône lui a-t-elle été envoyée depuis Berlin, après le décès en Allemagne d'un très vieux moine orthodoxe (104 ans !), jadis créateur talentueux d'icônes... dont celle-ci, qui avait profondément impressionné José Muñoz quand il en avait découvert l'existence à Montréal ? Ou... a-t-elle été ramenée par lui-même du Mont Athos ?

Dernière interrogation : les premières effusions de l'icône dans l'appartement de José Muñoz ont-elles commencé un 21 novembre (jour de fête de la Vierge Marie) ou un 23 ou un 24 novembre ?

Détail, certes... mais qui illustre bien la difficulté d'établir avec certitude les faits.

Nous avons retenu la version qui nous a semblé la plus conforme aux rares confidences faites par le propriétaire de l'icône lui-même.

José Muñoz serait un Chilien, catholique d'origine, mais passé à l'Église orthodoxe et reçu en son sein par l'archevêque orthodoxe du Chili, en personne.

Doué pour les arts, il aurait enseigné le dessin dans son pays avant de venir vivre au Canada, afin de pouvoir y suivre des cours d'iconographie, en se joignant à une petite communauté monastique orthodoxe de Montréal.

Il serait devenu professeur d'histoire de l'art à l'université de Montréal, et se serait mis à peindre des icônes.

Voulant perfectionner ses connaissances en iconographie – sujet qui le passionnait – José Muñoz aurait fait le voyage au Mont Athos, au cours de l'automne 1982.

Et ce serait là-bas, au hasard de ses marches dans la montagne, qu'il aurait découvert un petit ermitage, appelé « de la Nativité », où vivaient quelques moines se spécialisant dans la reproduction des icônes.

Là, il aurait été ébloui, bouleversé, par l'une d'entre elles, exposée dans l'atelier, copie assez libre de la *Portaïtissa*, réalisée par l'un d'entre eux, depuis peu de temps. On peut rencontrer une icône, comme une personne qu'on va aimer. Ce fut pour lui un véritable « coup de foudre » spirituel.

Il aurait alors instamment demandé de pouvoir l'acquérir, en en payant le prix, pour la ramener au Canada.

Mais les moines aussi y tenaient beaucoup, Elle était un peu comme la « patronne » de leur jeune atelier.

Donc, pas question... Et pourtant !... Le lendemain, alors que José Muñoz, triste, s'était déjà éloigné de l'ermitage, le supérieur l'aurait rejoint... pour lui remettre l'icône, dûment enveloppée, disant qu'il avait reçu, pendant la nuit, l'ordre intérieur qui lui faisait accepter de s'en séparer, afin de permettre qu'elle pût être amenée au Canada pour y devenir un signe de l'Orient en Occident.

José Muñoz aurait alors eu l'idée d'apporter « son » icône au monastère d'Iviron, demandant la faveur de pouvoir la mettre en contact avec la vénérable icône-mère, la première et authentique *Portaïtissa.*

Ç'aurait été peu après son retour chez lui, au Canada, que José aurait été réveillé en pleine nuit par un parfum intense qui embaumait sa chambre. En en cherchant l'origine (et l'on rejoint ici l'histoire indiscutable, acceptée par tous), il constata qu'une sorte d'huile s'écoulait de son icône, à partir de filets venant des mains de l'Enfant-Jésus.

Depuis ce moment, l'icône n'a pas cessé (sauf très rarement) d'avoir des effusions de cette huile parfumée.

Exposée en beaucoup d'endroits, notamment dans les paroisses et monastères de la juridiction russe « hors frontières », elle a embaumé beaucoup de lieux et beaucoup de gens... guérissant les corps et surtout les âmes, comme l'a souligné Soljenitsyne, très au courant du phénomène.

Elle a été amenée, discrètement, en France, dans la petite église russe de Meudon, au monastère orthodoxe de Provemont, non loin de Beauvais (où se rend encore parfois José Muñoz, qui parle bien le français...) et, à la Pentecôte 1985, à Ars, en milieu catholique, où 4 000 fidèles du Renouveau charismatique l'entourèrent d'émotion et de ferveur.

Un Français de 70 ans, Paul Gardey de Soos, assiste à ce rassemblement. L'impression très forte ressentie alors devant cette icône lui donne l'idée d'en acquérir une copie. Il la trouvera à la librairie d'un monastère, à la fin de 1985.

LE MESSAGE DE L'ICÔNE « MARIE, PORTE DU CIEL »

Personne ne peut le contester : « l'icône de Montréal » a des effusions permanentes d'huile et, de façon intermittente, des émanations de parfum. Ces deux prodiges ont attiré des foules, venues pour regarder, respirer... et prier.

Mais, au-delà de ces prodiges, la *Portaïtissa* (la première véritable icône inspirée par l'icône-mère du monastère d'Iviron... et les copies innombrables qui en ont été faites, avec des photos de celle-ci collées sur bois) est chargée en elle-même d'un message religieux de grande profondeur.

Encore faut-il savoir le déchiffrer en apprenant à regarder l'icône comme elle doit l'être :

1. avec les inscriptions qu'elle contient
2. avec la position des personnages représentés
3. avec l'expression très étudiée des visages et des regards
4. avec le message livré par l'agencement des couleurs
5. avec la signification des étoiles sur le manteau de la Vierge.

Il faut la regarder attentivement pour découvrir ce que l'icône contient, tout ce qu'elle contient, mais pas plus qu'elle ne contient... C'est déjà tellement riche !

1. Une icône porteuse d'inscriptions

Des lettres et des mots apparaissent en général rouges sur fond or. On apprend déjà beaucoup en les déchiffrant...

a) Premier groupe d'inscriptions

– En haut et à gauche : MP, 2 majuscules de l'alphabet grec, première et dernière lettre du mot : MÈRE.

– En haut et à droite : TOV (le V partiellement dans l'O), 3 majuscules de l'alphabet grec, première et deux dernières lettres du mot : [de] DIEU.

Ainsi, d'emblée, cette icône – comme beaucoup d'autres, il est vrai – proclame que Marie peut être invoquée sous le vocable de « *Mère de Dieu* ». C'est le Concile œcuménique d'Éphèse (431) qui a officialisé ce titre. Certes, Marie n'a pas engendré la divinité (idée absurde et impie). Elle n'est pas une déesse-mère. Mais l'humanité qu'elle a façonnée dans son sein virginal appartient en propre au Fils de Dieu, qui l'a assumée personnellement. Mère de la personne de son enfant (comme toute mère...), Marie peut – à juste titre – être appelée « *Mère de Dieu* ».

b) Deuxième inscription

Au-dessus de la tête de l'enfant, légèrement à droite, 4 majuscules de l'alphabet grec : IS XS, voulant signifier – en abrégé – I[ESOU]S CH[RISTO]S :

l'enfant dont Marie est la mère est Jésus, celui qu'on appelle Christ, l'oint de Dieu par excellence.

c) Troisième inscription

Dans le nimbe marqué de la croix qui entoure la tête de cet enfant et souligne sa sainteté, 3 lettres grecques ΟΩΝ Ap. 1,8 : « Le Étant », transpositions du tétragramme hébraïque : IHVH ; Jésus, le Christ, est donc aussi le Dieu qui se révélait à Moïse dans la scène du buisson ardent (Exode 3,13-14), l'Être sans nom, celui dont on peut seulement dire qu'il ne cesse d'être ce qu'il a été, qu'il sera toujours comme il est maintenant, qu'il est l'ÉTERNEL, celui qui peut dire de lui-même, purement et simplement : « JE SUIS », expression que Jésus, adulte, emploiera pour se définir : « Avant qu'Abraham fût, JE SUIS » (Jean 8,58).

d) Quatrième inscription : « H Portaïtissa »

Cette icône a un nom précis, qui la distingue d'autres icônes : la *Portaïtissa*, littéralement : « la-en-relation-avec-LA-PORTE ». La porte ! La vénérable icône primitive retrouvée sur les rivages du Mont Athos refusait la place que les moines voulaient lui donner à l'intérieur de leur église d'Iviron, pour ne vouloir qu'une place, à l'entrée, près de la porte, préposée donc à la porte, pour en faciliter le franchissement.

C'est donc une traduction inexacte – en rigueur de termes – que celle de « Porte du Ciel », même si elle est largement répandue et utilisée comme telle dans le très officiel missel « en l'honneur de la Vierge Marie », dont la 46e messe est précisément intitulée « Sainte Marie, Porte du Ciel ».

Ce titre a été utilisé parce qu'il exprime bien le double rôle de Marie :
– Elle est celle qui a la mission de faciliter l'entrée des hommes vers la Vie éternelle (dont les églises, sur terre, sont l'image...)
– Elle est celle par qui Dieu est passé lorsque s'est réalisé son dessein de salut par l'incarnation de son Fils.

e) Cinquième inscription

En bas de l'icône, à gauche, on peut encore remarquer un ensemble de trois mots grecs qui signifient : « *la Montagne Sainte* ». Cette mention n'existe pas sur l'icône primitive. Elle précise un détail géographique qui n'a pas de portée doctrinale (et c'est pourquoi les lettres sont blanches sur fond rouge et non rouges sur fond or, comme toutes les autres...) : cette copie, devenue mondialement connue, a été confectionnée dans un atelier de moines de « *la Montagne Sainte* », au XXe siècle : le Mont Athos.

2. *Une icône à deux personnages*

• A première vue, c'est Marie qui semble avoir une place prépondérante : Elle occupe la presque-totalité de la surface de l'icône.

Mais à y regarder de plus près, on découvre que sa main droite – volontairement agrandie pour que sa signification apparaisse clairement – invite à regarder son enfant. Elle ne veut pas capter les regards, mais orienter surtout vers lui, encore plus important qu'elle.

Dans l'indissociable couple de la Mère et de l'Enfant, il y a un ordre d'importance, ici parfaitement respecté.

• L'enfant, lui, bénit de sa main droite, de sa main située intentionnellement par l'artiste juste au-dessus de celle de sa mère. C'est lui le Sauveur du monde, mais il ne l'aurait pas été sans elle. Ils sont inséparables : Il donne la Vie, mais elle lui a donné de vivre, comme homme.

• Les doigts de cette main droite qui dispense les bénédictions de Dieu sont positionnés de telle sorte que le pouce et l'annulaire joints rappellent, selon la symbolique habituelle en Orient, l'union des deux natures divine et humaine dans l'unique personne du Fils Éternel... et que le déploiement des trois autres doigts rappelle, selon la même symbolique, l'existence des trois personnes de la Trinité Sainte.

• De son bras et de sa main gauche, la mère soutient et protège affectueusement son enfant, en même temps qu'elle le présente au monde. Elle apparaît comme étant « *le trône de la Sagesse* ».

• Dans sa main gauche, l'enfant tient un rouleau, celui de la Nouvelle Alliance, de l'Évangile apporté par lui aux hommes...

3. *Deux visages et deux regards*

a) Le visage et le regard de Marie

• Les traits du visage de Marie sont graves, mais empreints d'une grande douceur. De la tristesse...

mais pas d'amertume ! L'impression de noblesse qui se dégage de cette physionomie explique, en partie, l'attraction qu'elle suscite : elle émeut, elle fascine...

• Le regard, lui, est lointain, tourné vers l'extérieur. Il ne fixe personne en particulier, mais il interpelle une multitude. Il est « *au-delà* », au-delà même de l'enfant dans le temps de son enfance. Il est « *à l'horizon* », tourné vers cette passion annoncée par le vieillard Siméon (Luc 2,35), qui occupe son esprit et l'angoisse, comme il en sera pour Jésus adulte, quand il dira : « Quelle n'est pas mon angoisse, jusqu'à ce que mon baptême soit consommé... » (Luc 12,50).

b) Le visage et le regard de l'enfant Jésus

• Les traits de l'enfant ne sont pas ceux d'un nouveau-né ou d'un bébé. Ce sont ceux d'un enfant éveillé, posé, mûr, déterminé, conscient de ce qu'il est, presque adulte, ayant déjà une réelle autonomie par rapport à sa mère, même s'il est encore dans ses bras.

• L'allure générale est majestueuse, soulignée par l'ampleur et la disposition ordonnée de la tenue dans laquelle il est drapé.

• Le front, vaste et dégagé, la chevelure soignée évoquent un être à l'intelligence développée.

• Le regard est tourné vers sa Mère, qu'il fixe intensément, invitant – par le fait même – à faire comme lui.

4. Le message des couleurs

Rien n'est laissé au hasard, dans cette icône. Le moine qui l'a réalisée, en s'inspirant du vénérable modèle conservé au monastère d'Iviron, a disposé les coloris de telle sorte qu'ils ne soient pas seulement agréables à regarder dans leur juxtaposition harmonieuse, mais porteurs – en raison de leur agencement très étudié – d'un message spirituel profond.

a) Le fond de l' icône est d'or :
C'est la couleur symbolique de la divinité, dont le mystère n'est pas représentable en lui-même, mais dont « il est juste et bon » de chercher à évoquer les immenses richesses...

b) Projeté sur ce fond or, un grand manteau rouge :
Un rouge-violet, intentionnellement choisi pour évoquer la pourpre royale des reines de Byzance...
A sa manière, Marie est reine, ce que souligne aussi le liseré doré ourlant le manteau qui l'enveloppe et recouvre sa tête.

Le bleu clair de la tunique, et celui perceptible entre la tête et le voile, ont pour signification de rappeler le caractère authentiquement humain de cette reine du Ciel. Elle n'est en rien « déesse », mais vraie fille de notre race, fille infiniment pure, ayant enfanté de manière unique son enfant, comme l'avait entrevu Isaïe dans sa prophétie (Is 7,14) : « Voici : la jeune fille est enceinte et va enfanter un fils qu'elle appellera Emmanuel. »

c) Un vêtement d'or et une tunique éclatante :

Se détachant sur ce rouge, l'enfant est recouvert d'un manteau d'or somptueux, retenu à la taille par une large ceinture dorée, et porte sur l'épaule une étole dorée : « L'insigne du pouvoir est sur son épaule » (Isaïe 9,5).

Sa mère est reine, mais lui, il est « l'image du Dieu invisible », celui qui répondra à l'apôtre Philippe lui demandant : « Montre-nous le Père » (Jean 14,8), « Philippe, qui m'a vu a vu le Père » (Jean 14,9).

La tunique est, elle, d'un blanc éclatant. Car si Jésus est apparu à ceux qui le voyaient « semblable à un homme en tout... hormis le péché », des témoins privilégiés (Pierre, Jacques et Jean) l'ont vu à certains moments « transfiguré » devant eux, avec des « vêtements resplendissants, d'une telle blancheur qu'aucun foulon sur la terre ne peut blanchir de la sorte » (Marc 9,2-3).

d) Un rouleau blanc :

Sur le fond or de la tunique de l'enfant-Dieu se détache un rouleau blanc, le rouleau de l'Alliance Nouvelle, le rouleau qui contient les paroles de lumière destinées à « éclairer le monde qui marche dans les ténèbres... » (Isaïe 9,1).

Voici donc le message des couleurs à partir des quatre plans qui structurent cette icône :

– plan du fond : Dieu est invisible ;

– 2e plan : mais une femme, vraiment reine, nous donne de connaître son ineffable mystère ;

– 3e plan : grâce à un enfant-Dieu lumineux ;

– 4e plan : qui nous apporte une révélation destinée à dissiper les ténèbres du monde.

5. *Trois étoiles dorées*

Elles représentent beaucoup plus qu'un détail ornemental. Elles se détachent sur le manteau pourpre, à l'emplacement du front et des deux épaules de Marie, pour symboliser deux convictions de la foi chrétienne :

a) Marie a une relation privilégiée avec la Trinité Sainte

• Elle est fille aimée du Père (étoile au front...) à un degré unique

• Elle est, pour toujours, la femme de qui est né Jésus, sa mère, ce qui établit entre eux deux des rapports d'une singulière intimité (étoile sur l'épaule droite, selon l'attitude orthodoxe du signe de croix)

• Elle est envahie par l'Esprit de Dieu, celui qui l'a couvert de son ombre pour qu'elle puisse enfanter « sans connaître d'homme » (Luc 1,34-35) « ce fils qui sera grand et appelé Fils du Très-Haut » (étoile sur l'épaule gauche, posée entre la mère et l'enfant, pour rappeler que c'est grâce à l'action de l'Esprit qu'elle est devenue mère de cet enfant-Dieu).

b) Marie est vraiment « LA VIERGE »

Chacune des étoiles rappelant trois moments de sa virginité :

– avant la naissance de son Fils (Luc 1,26-27)

– au cours de la naissance
– après la naissance de ce Fils *unique*.

6. Et que tient Marie dans sa main droite... ?

Toutes les icônes de « Marie, Porte du Ciel » répandues en France, sont des reproductions de l'icône de Montréal. Elle, c'est une véritable icône ; les reproductions sont réalisées avec du papier collé sur du bois, papier reproduisant une photo prise à Montréal par celui qui l'a souvent photographiée : André Rostworowski.

Il se trouve que le jour où a été réalisée cette photo, le Père Daniel-Ange, bien connu en France, était à Montréal et a vu opérer Rostworowski.

Il indique cette précision que la « brillance » sous la main de la Vierge n'est que le résultat d'une effusion d'huile particulièrement abondante, au moment de la prise du cliché.

Aujourd'hui, une autre photo de l'icône de Montréal ne donnerait pas le même résultat.

Il ne s'agit donc pas d'un chapelet que Marie nous inviterait à réciter quand on regarde l'icône...

N'ajoutons rien au message déjà si riche livré par cette icône admirable.

UNE GRÂCE… GRATUITE, MAIS UN TERRAIN FAVORABLE

Par définition, toute grâce est « gratuite ». Dieu n'a de comptes à rendre à personne des faveurs qu'il se plaît à répandre sur tel ou tel.

Mais ce qui est donné à l'un, au-delà de ses mérites, lui est donné, et pour lui... et pour d'autres, appelés à en bénéficier indirectement.

Certaines prédispositions n'obligent Dieu à rien. Elles constituent seulement un climat favorable, où la grâce aura plus de chances d'être accueillie.

Comme le dit une « mystique » contemporaine : « *Dieu fait le don à ceux de qui il sait qu'il aura la réponse. C'est pour cela que c'est incompréhensible pour les hommes où tombe son choix.* »

Paul n'en revient pas encore de ce qui lui est arrivé, à lui, qui se dit seulement – et très sincèrement – « *un humble serviteur, tout dévoué à la Vierge Marie* », mais également un pauvre pécheur.

Ceux qui le connaissent bien, peut-être mieux que lui-même, savent ce qu'il y a en lui :

– de foi profonde,
– d'oubli de soi,
– d'ouverture aux autres,

– d'hospitalité généreuse,
– de sensibilité aux souffrances des défavorisés,
– d'attention aux pauvres, aux malades, aux désespérés.

De telles dispositions d'âme, que le Ciel a discernées chez lui et utilisées pour les autres, ont mûri en lui en grande partie à cause du climat familial dans lequel il a vécu.

Comment ne pas évoquer, entre autres, la figure de son grand-oncle, le chanoine de Falguière, qui fut aumônier d'hôpital militaire et de prison à Toulouse et mourut avec une réputation de sainteté. Pendant quarante-quatre ans... il passa toutes ses nuits, installé dans un fauteuil, refusant de s'allonger dans un lit où il aurait risqué de se rendormir si on l'appelait, de nuit, pour un malade ou un mourant... ce qui lui était arrivé une fois... en 1888 !

Cette famille profondément chrétienne a donné à l'Église plusieurs jésuites, bénédictins, prêtres, religieuses.

Son père et trois de ses oncles ayant fait la guerre de 1914-1918, sans qu'aucun n'y fût tué, ils allèrent tous les quatre à pied en pèlerinage à Lourdes, depuis Angers... pour tenir la promesse faite à leur père de rendre grâce à Dieu pour une si visible protection !

Comment ne pas évoquer enfin sa mère, femme au « tempérament de feu » ? Elle était la neuvième d'une famille nombreuse et avait connu la tristesse de voir mourir trois sœurs, la même année, emportées par la diphtérie. Ce ne fut pas – pour elle – une raison de douter de la bonté de Dieu, dont elle était convaincue, au-delà de pareilles épreuves...

Elle fonda une œuvre destinée à venir en aide aux personnes en difficulté. Il y avait tant de « nouveaux pauvres », déjà, et qui ne voulaient pas dévoiler leur pauvreté... Pendant trente ans, elle se dépensa sans compter à sa fondation, encouragée par le Cardinal Saliège qui l'avait en haute estime. Elle travailla avec une ardeur qui ne se démentit jamais à « son » œuvre de cœur.

Dans cette famille, comme dans beaucoup d'autres, on apprenait

– que Dieu doit être « premier servi »,
– que l'homme mérite que l'on se dévoue pour lui.

L'épreuve de la guerre et de la captivité (1939-1943) firent expérimenter à Paul la protection très spéciale dont Marie, déjà, le couvrait, en le faisant échapper, notamment, au poteau d'exécution.

*

Dans les mois précédant les événements qui constituent « l'histoire de l'icône de Toulouse », Paul – qui ne soupçonne rien de ce qui va lui arriver – sent seulement en lui le besoin de progresser dans sa recherche de Dieu, d'intensifier sa vie de prière, marquée de plus en plus par une grande ferveur mariale. Il devient oblat de saint Benoît.

Il installe dans le petit appartement calme d'un vieux quartier de la ville, un « coin de prière », dont l'élément central est cette icône de la *Portaïtissa*.

Autour de son icône, quelques images et cartes postales représentant les saints particulièrement aimés :

– Thérèse de l'Enfant-Jésus,
– Bernadette de Lourdes,
– le Curé d'Ars,
– Marthe Robin,
– le chanoine de Falguière, son oncle.

Sous l'icône, et toujours ouverte à la page de la lecture du jour, une Bible de Jérusalem de grand format.

LE 11 FÉVRIER 1990

Ce qui s'est passé

Le 11 février, cette année-là, tombe un dimanche. Il y a double motif pour Paul de marquer cette journée :

– c'est un dimanche : il assistera donc à la messe solennelle célébrée à 11 heures, en l'église toute voisine, au bout de sa rue

– c'est aussi le 132e anniversaire de la première apparition de Marie à Bernadette dans la grotte de Massabielle (1858) ; d'où un motif supplémentaire de prier la Sainte Vierge, de réentendre les messages à la petite voyante, de la remercier.

A la sortie de la messe, Paul – reconnaissant trois assistantes souvent rencontrées dans les réunions du groupe de prière dont il suivait les activités – les salue et leur propose de venir déjeuner amicalement chez lui, et d'avoir ensuite un moment de recueillement.

Il se trouve qu'aucune des trois n'a de projet particulier. Elles sont disponibles. Elles acceptent.

Le groupe va faire quelques courses au marché voisin... et gagne le domicile tout proche.

L'appartement, au premier étage sur cour, est composé de deux pièces :

– une grande chambre, avec « coin repas » et « coin prière »

– un bureau, pour le travail et les rencontres

– et une cuisine, où les quatre s'affairent pour préparer le repas, première étape d'une journée dont personne ne sait alors le tour qu'elle va prendre.

L'une des trois invitées retourne dans la première pièce, puisque sa présence ne lui paraît pas indispensable dans la très petite cuisine. Ayant demandé la permission de le faire, elle détache l'icône fixée au mur, la prend dans ses mains pour mieux la voir, en l'exposant au soleil près de la haute fenêtre. Et elle se met à prier, seule, employant des mots à elle, que lui dicte sa ferveur : « Maman du Ciel, je voudrais te voir, toi, en pleine lumière. Que c'est long de devoir rester sur terre avant de te rencontrer en vérité ! J'ai envie de ce Ciel où tu résides... »

Et c'est alors qu'elle aperçoit – à sa grande surprise – une « goutte » brillante qui jaillit de la main droite de Marie.

Il lui semble que l'icône s'anime comme pour lui apporter une réponse personnelle à son ardent appel.

Elle dit seulement : « Oh, ça, alors !... » et, stupéfaite, pense alors à prévenir le petit groupe, à la fois si proche et si lointain de ce qu'elle vient de constater :

– *Venez voir... venez voir !*

Ils se retrouvent à quatre, désormais, constatant à leur tour ce qu'elle avait vu.

Comme des enfants, ils passent leur doigt sur la goutte et humectent leurs yeux avec ce qu'ils ont recueilli.

Spontanément, ils récitent une dizaine de chapelet, puis, passant à table, installent l'icône sur la cheminée, près d'eux, afin que Marie ait la première place en ce jour de sa fête.

Le repas terminé, le petit groupe se remet à prier, chacun allant vaquer à ses occupations. L'une d'elles, en revenant chez elle, y retrouve sa propre icône, et lui confie en toute simplicité : « *Que m'as-tu fait là ?* », exprimant par ces mots le mélange d'étonnement et d'émerveillement qui remplissait son cœur.

Vers 20 heures, elle appelle Paul au téléphone.

– *Va voir,* lui dit-elle.

Il revient, très ému, révélant qu'il ne s'agit plus de quelques gouttes, mais d'un véritable ruissellement.

Sceptique, pensant à de l'exagération, elle insiste pour qu'il aille observer de nouveau ce qui se passe.

Paul le fait et revient... Il est bouleversé et demande qu'on ne le laisse pas seul.

Le berger de leur groupe de prière est appelé quelques instants après : il rejoint la rue Darquier, accompagné de son épouse. Un parfum très fort a envahi l'appartement.

Ils constatent que l'icône ruisselle alors de partout, au point que la Bible placée en dessous de l'icône a ses pages littéralement imprégnées de ce liquide tombant sur elles. Le livre était ouvert au chapitre 7 d'Isaïe.

Le petit groupe récite un chapelet pour le monde.

Le « berger » recommande que l'on garde le calme et que l'on n'oublie pas de contacter l'archevêque, dès le lendemain. Avant de se séparer, quelqu'un a l'idée de poser l'icône sur une coupelle remplie de coton.

Ce qui s'est passé à Beyrouth

Ce même 11 février, et au moment précis où apparaissent les premières « brillances » sur l'icône, un groupe de fidèles récitait le Rosaire pour la paix au Liban. Il est difficile de parler de simple coïncidence...

Tout a commencé à Lourdes, en novembre 1989. Plusieurs chrétiens laïcs, rattachés au groupe de prière de « l'Olivier », suivent une retraite prêchée par un père bénédictin. Quelques-uns d'entre eux avaient déjà été brancardiers à Lourdes, mais aucun n'avait eu l'occasion de faire partie des équipes qui s'occupent de plonger les malades dans l'eau des piscines. Le besoin de bénévoles, en cette période de l'année où les aides sont plus rares, pousse Paul et un autre retraitant, Claude, à se proposer pour aider aux piscines.

Ils ne soupçonnent pas tout ce que cette acceptation de rendre service va déclencher... Ils se connaissent peu et Paul ignore tout du désir de son voisin d'adopter un enfant au Liban, tandis que Claude ignore tout des possibilités d'action de Paul à Beyrouth.

En fait, c'est parce que celui-ci appose sa signature sur le livre des préposés aux piscines que le responsable, en la déchiffrant, lui demande :

– Ah, vous êtes un parent d'une dame médecin du travail ?

Bien sûr, il la connaît ! C'est sa belle-sœur, la femme d'un plus jeune frère, Claude.

Et le responsable ajoute :

– Comment vont les deux enfants ? Savez-vous, d'ailleurs, que ce sont des petits Libanais adoptés ?

Paul le sait d'autant mieux que c'est par une proche parente demeurant à Beyrouth que plusieurs petits Libanais ont pu être adoptés.

C'est en entendant parler d'enfants libanais adoptés que Claude exprime à Paul son besoin de lui parler et il lui confie la résolution de son foyer, pourtant déjà parents de trois filles, d'adopter – « pour être fidèle à un appel du Seigneur » – un petit Libanais.

Et Claude, qui ne savait comment s'y prendre, vient de découvrir une filière...

L'affaire n'en reste pas là. Sans tarder, Claude et son épouse Michèle se retrouvent au domicile de Paul. Ce dernier joint au téléphone une de ses sœurs, habitant dans la région parisienne, et apprend d'elle à cette occasion que, justement, après des mois sans nouvelles, on vient d'en recevoir de toutes fraîches de cette parente de Beyrouth. On peut donc lui envoyer un courrier où on lui demandera si elle peut trouver un petit Libanais pour un foyer français qui désire l'adopter. Précisément, une religieuse vient de lui faire une demande en ce sens, en faveur d'un tout-petit de quelques mois, recueilli par sa communauté, orphelin.

On vient donc, théoriquement, de trouver :

– un foyer français pour un petit Libanais, à adopter

– un petit Libanais pour un foyer français qui cherchait à en recueillir un en son sein.

En fait, les démarches seront difficiles. Il va falloir réunir un nombre incroyable de documents. Il va falloir aussi beaucoup d'argent.

Six mois seront nécessaires pour y arriver. Grâce à beaucoup de ténacité de Claude et de Michèle, à beaucoup de générosité de ceux qui les entourent, et à beaucoup d'audace et de débrouillardise de la part de petits « passeurs de ligne » qui – à Beyrouth, dans une ville en ruines et où les combats ne cessent pas – servent de messagers... on peut trouver une personne qui doit revenir en France et par qui est ramené le dossier indispensable pour l'adoption.

C'est le 1er février que les parents adoptifs peuvent partir pour Beyrouth. Ils y restent bloqués cinq semaines ! Chaque jour, Paul leur téléphone sans succès pour s'informer de l'avancement du processus. Et c'est le même jour qu'ils apprennent l'un et l'autre qu'à la même heure :

– à Toulouse se produisent des prodiges avec l'icône

– à Beyrouth se fonde une congrégation du Rosaire pour la paix.

Quand Claude et Michèle reviennent enfin, ramenant le petit Emmanuel, ils tiennent à passer devant l'icône, avant même de regagner leur domicile.

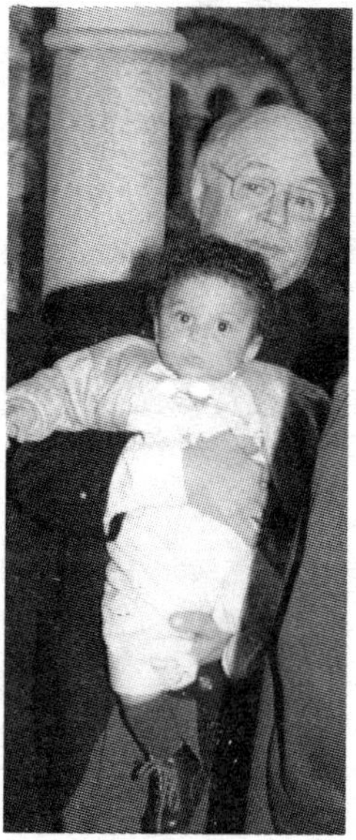

Le petit « Emmanuel » dans les bras de Paul,
peu après son arrivée en France.

TROIS MOIS DE « BOUCHE A OREILLE »

Paul, qui sait manier l'humour, dit souvent, quand il fait le récit de ce qui est arrivé rue Darquier depuis ce fameux 11 février 1990 : « *Croyez-vous que l'on puisse tenir sa langue devant un tel phénomène ?* »

C'est vrai que le petit groupe privilégié des quatre, et de quelques amis intimes prévenus le jour même de ce qui venait d'arriver, n'arrive pas à se taire. Ils sont intrigués, bouleversés, émus... Ils racontent aux personnes de leur famille, à des amis capables de partager la nouvelle.

Très vite, les effusions qui se répandent sur l'icône et ne s'interrompent pas, le parfum qui embaume l'appartement... donnent occasion de conversations, de questions, de demandes d'informations complémentaires et de visites, pour constater « de visu », pour prier, aussi et surtout.

Le 12 février, un Père jésuite passe. Il regarde longuement, et de très près, le phénomène d'effusions. Il interroge ces femmes qui ont constaté, la veille, les premières gouttes d'huile. Il est le premier à rédiger un témoignage écrit, dont voici quelques extraits. Ils constituent un document d'importance, compte tenu de celui qui a écrit ces lignes, et qui tient à mettre noir sur blanc ses propres impressions :

« *Lorsque, au matin du 12 février, Paul, très ému, m'a téléphoné pour me raconter ce qui se passait chez lui, je suis venu sans tarder.*

En regardant attentivement l'icône, j'ai été frappé de voir que la Vierge Marie « pleurait » de l'œil droit.

Les personnes présentes la veille me précisèrent qu'elles avaient constaté comme une larme de sang [1] *sortie de l'œil droit de l'enfant Jésus.*

Ainsi, il m'apparaissait que les larmes de Marie correspondaient à la larme de sang de Jésus !

Je vis aussi que les larmes sortaient de la moitié extérieure de l'œil droit. Un filet coulait, très fin, et contournait les joues pour couler ensuite, plus large, sur tout le buste de Marie. Finalement, une goutte tombait vraiment de l'icône, au rythme d'environ une par heure.

C'était pour moi une énigme d'observer que les larmes ne sortaient que de la moitié extérieure de l'œil droit, pour contourner le visage au lieu de tomber tout droit, comme le demandent les lois de la gravitation. Mais quand on regarde un enfant pleurer, on remarque aussi que les larmes contournent les joues avant de mouiller son vêtement.

Et si les larmes coulaient à partir de la moitié extérieure de l'œil, c'est que les glandes lacrymales se trouvent sur la moitié extérieure de la paupière. Ainsi, Marie « pleurait », comme sur un vrai visage. Il

1. N.d.l.r. : On la distingue encore sur l'icône, comme figée. Ceci ne s'est jamais reproduit depuis.

s'agissait de beaucoup plus encore que d'une icône ayant des effusions. »

Le soir de ce deuxième jour, on peut estimer que déjà cent personnes ont défilé devant l'icône.

Et, de jour en jour, des familiers, des amis, des relations gagnent le 6 de la rue Darquier.

La plupart du temps, ce n'est pas par curiosité mais par désir de se recueillir, non sans émotion...

Une idée s'impose : distribuer des petits morceaux de coton, imbibés de cette huile qui ne cesse de s'écouler de l'icône.

Très vite, l'icône est déplacée. On la décroche du mur où elle se trouvait depuis la fin de 1983, soit depuis plus de six ans, et on la met en évidence sur la cheminée de la même pièce, entourée de trois photos : Jean-Paul II, Marthe Robin et la sœur bénédictine de Paul.

Une abbaye bénédictine a été prévenue très vite. Le 25 février, soit juste deux semaines après les premières effusions, un moine de l'abbaye vient passer la nuit rue Darquier. Il est le premier moine à pouvoir l'observer et à transmettre ses réflexions à son Père Abbé.

Depuis quelque temps l'appartement sert de lieu de rencontre et de travail pour les responsables du Renouveau charismatique qui ont besoin d'un local pour y préparer la grande rencontre régionale de la Pentecôte.

Accueillant comme à son habitude, Paul a offert la deuxième pièce de son appartement, avec tables de travail et ligne téléphonique indépendante. Les membres de ce groupe n'ont qu'à pousser la porte pour se retrouver dans l'oratoire et s'y recueillir devant l'icône aux effusions parfumées...

L'INTERVENTION INCONTRÔLABLE DES MÉDIAS

Dans une lettre à son archevêque, datée du 11 mars, Paul parle de 2 000 personnes venues en un mois « *chercher réconfort ou guérison auprès de la Vierge* ».

Il ajoute : « *J'ai suivi scrupuleusement vos instructions et, avec l'aide d'amis, j'ai à ce jour évité toute intervention des médias ou journalistes...* »

Ce qui était vrai le 11 mars le demeure jusqu'au 19 mai.

A partir de cette date, FR3 fait une courte allusion, dans le journal régional, alertant TFl, désireuse de « couvrir » à son tour l'événement. Et c'est l'invasion de la paisible cour de l'immeuble par les camions d'enregistrement, c'est le déroulement des câbles et la mise en place des projecteurs.

Paul apparaît sur le petit écran au cours d'un journal d'information de la première chaîne. Les interviews se multiplient. Le téléphone sonne sans arrêt dans l'appartement. On atteint, sans l'avoir ni désiré, ni préparé, un rythme démentiel. La curiosité l'emporte momentanément sur la ferveur...

La presse écrite prend le relais. Dès le 19 mai, les deux journaux locaux consacrent des pages entières avec interviews, commentaires et photos, à « l'icône de Toulouse ».

19 mai 1990, *La Dépêche* titre : « *Le mystère de la Vierge de la Porte du Ciel* » et informe qu'elle est visible une heure par jour, en semaine, de 17 h 30 à 18 h 30.

20 mai : *La Dépêche* revient sur l'événement avec un plan du quartier fléchant l'emplacement du 6 de la rue Darquier (tout ce qu'il fallait pour faciliter la ruée des foules !…).

Que se passe-t-il effectivement ? C'est une véritable procession de milliers de personnes, chaque jour... Les files d'attente s'étirent sur plusieurs centaines de mètres, le long de la rue Darquier et de la rue adjacente.

23 mai : *La Dépêche* en arrive à parler de « *petit Lourdes* » !

La presse quotidienne nationale emboîte le pas, avec un léger retard :

Le 21 mai (deux jours après le premier article de *La Dépêche*), *Le Figaro* mentionne sans trop s'étendre l'existence à Toulouse d'une Vierge « *transpirant une huile odorante* ».

Le 21 mai également, Le Parisien parle, photo à l'appui, de « *la Vierge qui pleure, attirant des milliers de pèlerins* ».

Le 26 mai, c'est *Le Monde* qui fait paraître un article sur « *la Vierge parfumée* », avec une série d'insinuations assez malveillantes sur la personnalité du propriétaire.

Il s'attire, le jour même, une réponse assez vive envoyée par un lecteur qu'a choqué le ton de l'article. Ce professeur de philosophie et docteur ès lettres y dit notamment :

« *Les faits que relate votre article appellent certes de légitimes questions, mais posées dans le respect le plus total des personnes concernées... Il me semble que l'auteur s'est laissé aller, dans son commentaire, à un curieux amalgame, où se trouvent mêlées notamment des insinuations sur la personnalité du propriétaire de l'icône qui n'apportent rien à une sereine considération des choses et qui peuvent blesser profondément une personne très estimée de ses amis...*

Je tiens à témoigner, pour ma part, de la rectitude morale qui est la sienne, en même temps que de son dévouement exceptionnel, non seulement auprès de ses amis, mais auprès de tous ceux qui sollicitent son aide.

Un article comme celui que vous avez accueilli dans vos colonnes ne grandit nullement son auteur, lorsqu'il se complaît dans les approximations et les allusions malveillantes et s'égare bien loin de ce que l'on est en droit d'attendre de ceux qui ont la charge de nous informer. »

*

La presse « hebdomadaire » se met, à son tour, à consacrer des articles concernant « l'affaire de l'icône de Toulouse ».

France-Dimanche d'abord, qui lui consacre une page entière, annoncée par l'affichette apposée dans les maisons de la Presse. On y lit : « *Toulouse : La*

Vierge qui pleure de l'huile parfumée... Miracle ou supercherie ? L'Église a demandé une enquête. »

L'article, sous la signature de Serge Sayn, a voulu informer ses lecteurs de façon objective et ouverte, même s'il fourmille d'inexactitudes de détail !

C'est ainsi que le surtitre de la page : « *Chaque jour, entre 17 h 30 et 18 h 30, le phénomène se reproduit, attirant des milliers de pèlerins* » laisse croire que les « effusions » se produisent une heure par jour... Or, seules les visites sont canalisées entre 17 h 30 et 18 h 30 (et théoriquement, d'ailleurs, car l'appartement, en fait, est « envahi » bien plus longuement).

Les « effusions » d'huile se produisent tout au long des jours et des nuits, avec une intensité variable, c'est vrai, qui semble dépendre de l'intensité de la prière devant l'icône et du type d'intentions de prière formulées !

Les photos illustrant cette page spéciale sont bonnes et leur légende traduisent bien la réalité : « *Le recueillement et l'émotion devant l'icône merveilleuse : les fidèles veulent toucher du doigt l'huile étrange avant de se signer.* »

L'article se termine par des remarques « favorables » :

« *C'est avec un sourire plein de bonté qu'il laisse envahir son appartement par une foule d'inconnus, tout en refusant les dons en argent.*

La bonne foi de cet homme, et même sa foi tout court, ne suffisent pourtant pas à convaincre les agnostiques. L'archevêché de Toulouse, saisi dès les premières constatations, a adopté une attitude de réserve prudente, l'Église ne voulant s'engager ni dans une approbation ni dans une condamnation hâtive. Une enquête canonique est en cours. Le porte-parole de l'archevêché de Toulouse qualifie le propriétaire de l'icône de "chrétien sérieux". »

*

Et la presse « chrétienne » ?

Dans *Foi et Vie* (titre de la Semaine catholique du diocèse de Toulouse), en date du 20 juin 1990, le doyen de la Faculté de Théologie de l'Institut catholique de Toulouse, retranscrit le texte de l'éditorial qu'il a donné, le dimanche 27 mai, à l'émission « Bonjour dimanche » de Sud-Radio :

« *Mon intention n'est pas d'émettre un jugement de valeur ni de me substituer à ceux qui sont chargés d'expertise ou d'enquête. Toutefois, ce fait, devenu public, suscite tellement de commentaires opposés ou excessifs que je prends la liberté de proposer quelques réflexions.* »

La phrase-clé de son argumentation est probablement la suivante :

« *Il y a toujours eu dans l'histoire... d'autres signes semblables à celui de l'Icône de Toulouse. Ils doivent être respectés, mais ne peuvent être reçus que dans une attitude d'humilité et de discrétion. Seule, pour les croyants, la Résurrection du Christ doit susciter l'enthousiasme et rester objet de proclamation. Depuis l'événement de Galilée et de Jérusalem, Dieu n'a cessé de respecter la liberté des hommes et de les conduire, au-delà de l'ambiguïté inévitable des signes, jusqu'à la conversion du cœur dans le dépouillement et la simplicité.* »

« *Humilité* », « *discrétion* », voilà bien des mots qui correspondent au désir le plus profond du détenteur de l'icône... Il n'a jamais voulu le tapage médiatique qui lui pose de tels problèmes ! Et pour lui, « chrétien sérieux », la Résurrection du Christ est bien le fondement de son enthousiasme...

Le même numéro de *Foi et Vie* fait paraître un article d'un théologien dominicain, le Père Nicolas, brève étude sur « les révélations privées et la foi ».

On y trouve les lignes suivantes :

« *Il n'est pas douteux que le monde surnaturel peut se manifester dans le monde terrestre et que c'est parfois d'une manière miraculeuse. Mais ce ne sera jamais pour apprendre au monde une vérité nouvelle : tout nous a été dit, une fois pour toutes, avec Jésus-Christ et par Lui.*

S'il arrive que quelque statue, quelque image pieuse puisse s'animer, s'imprégner d'un mystérieux et durable parfum, c'est un encouragement à prier avec plus d'insistance et de confiance celui ou celle qu'elle représente.

Le surnaturel peut devenir sensible... car l'homme a besoin de toucher du doigt ce qu'il croit.

Ce n'est pas tant au merveilleux qu'il faut s'arrêter que, à travers lui, à Celui qui nous parle par lui, et qui nous renvoie à tout ce qu'il nous a enseigné, à tout ce qu'il nous a donné par son Église : sa parole et ses sacrements. »

Le bulletin paroissial de l'Église orthodoxe de la

région Midi-Pyrénées publie aussi un article d'où l'on peut extraire ces passages :

« *Certains ont été déroutés de voir que c'était une simple icône en papier collé, car ils doutaient qu'une icône collée eût la même valeur qu'une icône peinte.*

Pourquoi cette icône se manifeste-t-elle dans une communauté catholique et pas dans l'Église orthodoxe, alors que l'icône appartient à notre tradition liturgique ? Encore faut-il souligner que les origines de cette icône remontent au VIIIe *siècle, quand l'Orient et l'Occident chrétien étaient encore unis.*

Cette icône est-elle miraculeuse ? Au milieu du monde difficile où nous vivons, où Dieu tient bien peu de place, nous savons au moins une chose : c'est qu'Il est présent, qu'Il nous fait parfois signe par les grâces qu'Il nous envoie, même si nous estimons que notre foi est assez solide pour n'en avoir pas besoin. »

LA MISE A L'ÉCART DE L'ICÔNE

Ce qui arrive autour de l'icône ressemble à une boule de neige au grossissement incontrôlable : les défilés quotidiens atteignent une ampleur qui alerte la presse, les médias... et ceux-ci, se mettant à parler de l'icône, alimentent des venues croissantes...

Le défilé de 2 000 personnes par jour dans un appartement de particulier, au premier étage sur cour d'un immeuble tranquille, pose au moins trois problèmes :

– Comment atténuer le dérangement des autres occupants de l'immeuble, infiniment patients mais vivant désormais dans une maison envahie par les foules ?

– Comment arriver à distinguer, dans le flux grandissant des personnes frappant à la porte : les croyants, de tous horizons, venant là pour prier, pour supplier en faveur de personnes chères, en tout cas pour observer avec respect l'icône et ses effusions... et les curieux, les sceptiques, les critiques a priori... A côté des discrets, il y a des indiscrets ; à côté des délicats n'exigeant rien que de regarder et de vénérer, il y a des indélicats, s'installant devant l'icône, demandant de la toucher, de l'essuyer et même de l'emporter, recherchant avec soupçon où peut être la supercherie.

Il faut, parfois, toute l'habileté des proches pour que certains comportements n'entraînent pas de drame...

– Comment tenir le coup, physiquement, après ces trois mois si mouvementés... de plus en plus mouvementés : appels téléphoniques incessants ; demandes réitérées d'interviews ; réponses à un courrier énorme arrivant par sacs postaux ; envoi de milliers de cotons imprégnés d'huile...

Qui, sans y avoir été préparé et sans avoir l'équipe de permanents organisés pour faire face à une telle nouveauté, pourrait tenir le coup longtemps et dans une telle atmosphère empêchant tout répit ?

*

Il faut donc trouver une solution, la meilleure... ou la moins mauvaise ! Mais le choix à faire n'est pas simple. On peut, *a posteriori*, comprendre toutes les hésitations de ceux, éminemment de celui, qui doit trancher :

– Partir... c'est risquer de décevoir ceux qui n'ont pu encore venir et qui, alertés par la presse, envisagent de se rendre jusqu'à l'oratoire de la rue Darquier dans un avenir prochain.

– Partir... c'est risquer de prêter le flanc à la critique, de provoquer la diffusion de suppositions malveillantes.

– Partir... c'est fermer cet « espace de grâce » où tant de gens ont trouvé la confirmation de leur foi et certains autres même retrouvé la foi !

– Partir... enfin, c'est faire disparaître ce carrefour où tant de personnes qui s'éloignaient les unes des autres (mari et femme ; parents et enfants ; membres de certaines communautés...) trouvent, ici, un climat de grâce leur donnant de se pardonner et de se rapprocher, sous le regard et à cause du regard de cette Vierge, à la bouleversante douceur...

Au moment où l'on pèse le pour et le contre du choix qu'il va falloir faire, Paul peut-il oublier l'histoire de cette jeune et belle étudiante se présentant avec des camarades de faculté mais visiblement étrangère au chapelet qui se récite devant l'icône ? Il lui propose un coton imbibé d'huile et elle le glisse, un peu surprise, dans son sac à main.

Or, huit jours plus tard, elle revient en dehors des heures normales d'ouverture, disant avec conviction à l'interphone : « *Laissez-moi monter, c'est la Vierge qui me demande de venir la voir...* »

Arrivée devant l'icône, elle s'effondre, laissant tomber à terre son sac et se mettant à sangloter. Elle reste immobile pendant de longues minutes. Quand elle retrouve son calme, elle semble vouloir « *manger des yeux* » la Vierge ! Elle demande la permission de l'embrasser.

Puis elle se rélève comme libérée et dit : « *Jamais je ne pourrai assez vous remercier, j'ai retrouvé la Foi !* »

Faut-il donc que de tels « retournements d'âme » ne puissent plus s'opérer ?

Et comment pourrait-il oublier cette rencontre, devant l'icône, de ces trois responsables religieux de Toulouse se retrouvant à la même heure et sans s'être donné le mot : un imam, un rabbin, un pasteur protestant ! Un même appel pour regarder « Marie » ou « Myriam »..., celle par qui les barrières tombent et les chemins convergent.

Faut-il donc que de tels rapprochements œcuméniques ne puissent plus s'effectuer ?

*

Mais, par contre, conserver l'icône sur place... c'est risquer de ne plus maîtriser le mouvement ; c'est risquer de constater des glissements, des déviations compromettant la beauté des débuts...

Finalement, la veille de l'Ascension, un simple petit papier est apposé sur l'interphone de l'immeuble, disant la décision prise dans les termes qui suivent :

« *Le propriétaire de l'icône nous prie d'informer que, pour des raisons personnelles, il sera absent de Toulouse plusieurs jours. L'icône a été placée en lieu sûr.* »

En vérité, que s'est-il passé ? La solution adoptée a entraîné la remise de l'icône à l'archevêque de Toulouse, avec son consentement, afin qu'il la fasse garder en un lieu sûr, sans avoir même à dire à son propriétaire où il la tient conservée et à qui il la remet...

Ceci fut si fidèlement observé qu'encore aujourd'hui personne ne sait ce qu'il advint de l'icône pendant plusieurs semaines. L'archevêché n'a jamais livré le secret des conditions concrètes de cette mise à l'écart.

Par contre, ce que Paul sait, c'est ce qu'il lui en coûte d'abandonner momentanément l'icône à laquelle il est si attaché, pour des raisons que l'on comprendra aisément...

*

La presse locale diffuse sans tarder la nouvelle, en assortissant l'information de commentaires assez « négatifs ».

Il est vrai que les rédactions n'ont pas été informées au préalable et se trouvent mises devant le fait accompli. Manquant d'éléments pour en expliquer le motif, elles soupçonnent des « entourloupettes »...

L'apparition des effusions les a laissées embarrassées, ayant du mal à percevoir la signification spirituelle d'un phénomène surprenant.

La disparition de l'icône les laisse encore plus perplexes. Pourquoi tant de calme après tant d'agitation ? Pourquoi un tel recul après une`telle mise en avant ?

Dès le 24 mai, *La Dépêche* note dans sa rubrique « Bon à savoir », après avoir retranscrit le court communiqué collé à l'interphone du domicile de Paul : « *Le fait nouveau, c'est la décision prise de mettre au secret l'icône. Un secret de plus.* »

Jeu de mots facile, commentant la décision prise avec des expressions sybillines, laissant planer un doute sur la qualité des raisons qui l'ont motivée.

Le 30 mai, le *Journal de Toulouse* consacre une page entière à « l'affaire de l'icône » avec un grand titre n'ayant aucune justification objective : « *L'icône, mise en pénitence...* » L'article confirme que « *la célèbre icône n'est plus visible* », mais commente la décision prise en utilisant une accumulation d'expressions propres à faire supposer que de bien louches raisons ont provoqué cette disparition :

« *Un mystère de plus dans cette affaire... Quelques individus curieux essaient de savoir ce qui se cache sous cet étonnant mystère et sous le soudain départ du propriétaire de l'icône. Les rumeurs les plus contradictoires continuent à circuler... La recherche du secret a quelque chose de troublant...* »

Tout y est : « mystère », « soudain départ », « rumeurs », « trouble »... Que les mots sont puissants pour semer le doute !

Le 7 juin, *La Dépêche* titre à son tour : « *L' icône devait disparaître* ».

L'article confirme : « *La Vierge, Marie Porte du Ciel, s'est envolée depuis l'Ascension.* »

Le même article ajoute : « *Des voix cartésiennes s'élèvent pour dénoncer la supercherie, d'autant qu'on leur a refusé l'accès aux analyses.* » (Allusion, probablement, au refus exprimé par le détenteur de l'icône à ce que celle-ci soit soumise, en laboratoire, à des tests que proposaient d'effectuer quelques « magnétiseurs »…)

Ceci étant, l'auteur d'article se permet d'affirmer : « Il faut, pour le moins, douter » et conclut par une explication absurde mettant en cause l'œcuménisme et le mouvernent charismatique supposés en concurrence publicitaire avec l'icône.

*

Dans la première quinzaine de juin, les hebdomadaires à diffusion nationale s'intéressent, à leur manière, à l'événement que représente la disparition de l'icône.

• *VSD*, d'abord, consacre la couverture couleur de sa parution datée du 7 juin (n° 1713) au « miracle ! ». L'article de Bruno Foucheleau raconte avec des mots assez bienveillants – même si on peut contester telle ou telle formulation – l'histoire de « *ces icônes ayant exsudé une huile miraculeuse* », de cet « *appartement transformé en un véritable petit Lourdes* » jusqu'à ce que soient volonlairement stoppés ces « *défilés incessants* ».

Le journaliste qui a rencontré Paul lui a trouvé « l'air harassé » et retransmet ce qui lui a été confié : « *L'icône n'est plus ici. L'archevêché s'est chargé de la mettre en lieu sûr, afin que je puisse me reposer...* »

Et pourquoi l'explication la plus simple ne seraitelle pas finalement la plus exacte ?

• *L'Événement du Jeudi*, ensuite, consacre au problème du miracle une enquête de 18 pages (ce qui représente un fait sans précédent), parmi lesquelles deux sur l'icône de Toulouse.

• Dans un article de la *France Catholique* (20 juin), l'abbé René Laurentin décortique la méthode employée par *L'Événement du Jeudi* :

« *Le miracle y est descendu en flammes, mais gentiment, sans colère, sur un ton de bonne compagnie, et de vulgarisation aimable, les miracles et les apparitions n'étant, finalement, qu'illusion, fanatisme, supercherie, et exploitation cléricale juteuse de la crédulité.* »

Les deux pages spécialement consacrées à l'icône ont pour titre : « *La madone baigne dans l'huile* ». Puis vient un « *festival de plaisanteries plus huileuses qu'onctueuses* » (Laurentin) du genre : « *Ma voiture aussi fait de l'huile, mais personne n'en parle...* » et une conclusion déplaisante et malhonnête : « *Le gardien de Dieu a fermé boutique, parti pour une destination inconnue. Les fêtes de l'Ascension risquaient, en attirant les foules de "salir" sa moquette.* »

La méchanceté bête le dispute au simple mensonge quand on connaît les qualités de cœur et d'accueil de Paul et quand on saura que l'appartement est tout en parquet !

*

On a beaucoup écrit sur cette icône, sur son apparition, puis sur sa disparition. On a souvent mal écrit sur elle... Il était sage de calmer les esprits et de « *ne pas laisser prostituer les secrets de Dieu* » (cf. Laurentin).

LA CONVERSION ET LA MORT D'UN FRÈRE

C'est le premier événement bouleversant qui marque les débuts de l'histoire de l'icône :
– une conversion spectaculaire
– une réflexion sur les raisons justifiant que l'icône ne demeure pas longtemps « enfermée dans un placard »
– une agonie et une mort supportées et offertes, sous le regard de l'icône, avec des dispositions spirituelles d'une impressionnante profondeur.

Tous ceux qui, ici ou là, ont entendu le propriétaire de l'icône en parler, se rappellent le silence de l'auditoire quand il raconte, toujours ému :

« *Les derniers instants de mon frère furent vécus avec l'icône de la Portaïtissa. Il la tenait dans ses mains avec ferveur et c'est juste après avoir dit à voix haute : "Tu auras été vraiment ma porte du Ciel" qu'il s'éteignit doucement.* »

Peu de temps après la mort de son frère, Paul écrit à Monseigneur l'archevêque :

« Vous savez, je crois, qu'il était mon jeune frère puisque 19 ans nous séparaient. J'ai toujours eu pour lui l'affection d'un grand pour un petit, même quand à son tour il devint grand.

Adulte, il se révéla un être brillant, cultivé, passionné par le monde grec et oriental qu'il connaissait en profondeur, mais sceptique et même railleur des choses de la Foi, ce qui nous opposait... Mais je ne cessais de continuer à l'aimer, jusque dans la peine qu'il me causait (par son attitude).

Lorsque le mal qui allait le terrasser commença à le miner, il devint irritable et de plus en plus amer.

Il vint chez moi dès les premiers jours de février et resta longtemps sur la réserve.

Puis, un jour, en observant tant de prières, en remarquant tant de détresses amenant des gens à recourir à Marie, en lisant tant de lettres chargées à la foi de souffrance et de confiance, il fut littéralement saisi par la grâce. On peut dire de lui : "Il vit et il crut".

Et il devint servant joyeux de Notre-Dame, se chargeant, notamment, de répondre à l'innombrable courrier qui nous arrivait quotidiennement. Humblement, courageusement, il expédia plusieurs centaines de lettres, auxquelles il joignait des cotons imbibés. »

Sa maladie le fait cruellement souffrir.

Bouleversé, après le 23 mai, par la « mise au placard » de l'icône, acceptant, mais trouvant intolérable de ne pas savoir où elle est déposée et pour combien de temps..., il prépare un texte à présenter à l'archevêque pour lui dire que l'icône doit redevenir disponible. Il pense sûrement, conscient que ses derniers moments approchent, que ce serait une grâce pour lui de pouvoir profiter de la présence de l'icône dans sa propre maison où l'inexorable mal le cloue.

C'est ce texte, pratiquement inchangé, qui sert de corps à la lettre qui est envoyée à l'archevêché en date du 4 juillet et dans laquelle il est demandé que l'icône soit restituée. On y trouve, notamment, des phrases comme :

• « *Par l'intermédiaire de la* Portaïtissa, *Dieu veut, me semble-t-il, nous transmettre ce message : la respiritualisation de l'Occident par l'Orient.* »

• « *En l'occultant dans un lieu secret, on fait obstacle à sa vocation.* »

• « *Personne n'a le droit de priver des gens qui cherchent la lumière. Ne pas accueillir un signe de Dieu est une attitude d'incrédulité.* »

Monseigneur l'archevêque ne réagit pas au fond de la lettre, à la valeur de son argumentation, mais il confirme très vite par écrit à Paul :

« *Cette icône vous appartient. Elle est donc à votre disposition. Il suffit que vous me téléphoniez pour que je vous indique comment elle vous sera remise.* »

Et l'archevêque ajoute :

« *Je précise seulement que cette icône ne devra pas être exposée dans un lieu de culte catholique du diocèse, qu'il soit public ou semi-public (église, chapelle ou oratoire).* »

Et c'est ainsi que l'icône est installée dans la propriété de l'agonisant, pour la dernière étape de sa vie ici-bas.

Le jour des obsèques de Claude, le 6 août, Paul donne ce témoignage, dans l'église bondée d'amis de la famille et du défunt :

« *Avec une douce joie nous avons partagé les prières de notre malade. Avec confiance, nous avons ressenti son soulagement à recevoir le sacrement des malades et le Corps du Christ, à de nombreuses reprises. Avec quelle admiration, nous avons entendu sa réponse, combien fragile, aux prières à "Marie, Porte du Ciel", qu'il a tant portée dans son cœur, jusqu'au dernier jour.* »

Dans la lettre, déjà citée plus haut, à son archevêque, en date du 8 octobre 1990, Paul apporte la précision suivante :

« *Quand une ultime messe fut célébrée dans sa chambre, l'icône répandait de l'huile en abondance assez exceptionnelle, au point que le célébrant, bouleversé, en pleurait.* »

Dans ces conditions, on comprend mieux la conclusion de son courrier à Monseigneur l'archevêque :

« *Mon Père, voici mon témoignage. Vous comprendrez qu'il conforte ma certitude : cette icône est porteuse d'une grâce singulière.* »

On entend souvent citer ce verset de l'Évangile : « On juge l'arbre à ses fruits » (cf. Matthieu 7,17). Voici un fait indiscutable...

L'ICÔNE ET LE SAINT-SIÈGE

C'est au moment peut-être le plus difficile, le plus sombre, qu'un rayon d'espérance vient balayer les nuages du doute et du découragement...

Comme à beaucoup d'autres instants, Paul n'a rien prémédité. Comment aurait-il même envisagé la perspective d'obtenir un contact avec le Vatican, afin de tenir le Pape informé et de recevoir, directement, de celui-ci, de précieux encouragements ?

C'est par une relation d'un de ses cousins-germains habitant en Anjou que lui est proposée la constitution d'un dossier sur son icône, dans la perspective d'une remise « en mains propres » au Saint-Père, à Castelgandolfo, au mois d'août.

DOSSIER REMIS AU SAINT-PÈRE, EN MAINS PROPRES, A CASTELGANDOLFO, LE 7 AOÛT 1990

Lundi, 6 août 1990
Fête de la Transfiguration de N.S.J.C.
Anniversaire de la mort de Paul VI

Très Saint-Père,

Je rends grâce à Notre Seigneur Jésus-Christ, né de la Vierge Marie, de pouvoir saisir l'opportunité qui m'est offerte de vous faire connaître les faits merveilleux qui sont arrivés entre février et mai de cette année, à Toulouse où je réside.

1. J'avais acheté en 1983, dans une Abbaye bénédictine, où je me rends souvent en raison des liens qui m'attachent à ce fervent monastère, une reproduction, collée sur bois, de l'icône dite « Portaïtissa » et je l'avais fixée au mur d'une pièce de mon appartement, pour qu'elle soit le centre d'un petit oratoire privé.

2. Le 11 février 1990, jour anniversaire de la première apparition à Lourdes, dans cette grotte où vous avez tenu à vous recueillir lors d'un récent pèlerinage en France, des amis ont remarqué avec moi que cette icône avait des effusions abondantes d'une « huile » merveilleusement odoriférante.

3. L'icône, depuis ce jour, a continué à avoir ce type d'effusions parfumées, dûment constatées par d'autres personnes venues l'observer (prêtres et laïcs).

4. Dès le premier jour, j'ai tenu à prévenir mon archevêque de ce que j'observais chez moi...

5. La presse a fini par en parler, et même abondamment :
– journaux quotidiens de la`région ;
– hebdomadaires de diffusion nationale, catholiques ou non.

Finalement, plus de 10 000 personnes sont passées dans mon oratoire ; plus de 1 000 certains jours :
– quelques curieux, sûrement ;
– de rares sceptiques, voulant découvrir « la supercherie » ;
– une foule immense de gens simples, venant se recueillir dans un climat de contemplation, avec ce geste spontané de tremper un petit coton dans cette réserve « d'huile », merveilleusement odoriférante, afin de le rapporter à un malade...

6. Il a fallu interrompre ce mouvement de ferveur, qui nous dépassait par son ampleur.

A la fin du mois de mai, je me suis résolu à confier l'icône en lieu sûr.

Aujourd'hui, l'icône reste à l'abri des curiosités, mais aussi des ferveurs !

Elle a séjourné, jusqu'au 3 août, dans la maison d'un de mes frères qui – longtemps agnostique – s'est converti devant cette icône et l'a contemplée avec émerveillement pendant toute son agonie. Il vient de mourir, pacifié et reconcilié avec Jésus par Marie. Elle a été vraiment « la porte de son ciel ».

7. Je peux témoigner, Très Saint-Père, de ce que :
– il n'y a aucune supercherie dans cet événement, inattendu pour moi et inexplicable ;

– la ferveur du peuple chrétien venu la visiter chez moi a été patiente, discrète, fervente (oh, combien !), mais sans excès ;
– ce « peuple » a été constitué par : des jeunes (beaucoup), des gens de tous les milieux, des laïcs, des religieux, des prêtres...
– un immense courrier me fait part de guérisons du cœur, parfois du corps.

Très Saint-Père,
J'ai tenu à vous faire connaître, à vous dont la devise est « Totus tuus », l'histoire de « l'icône de Toulouse », l'histoire de ces quatre mois bouleversants et si tristement interrompus... Nous les privilégiés qui avons vu cette icône répandre cette « huile » merveilleuse, nous gardons le souvenir précieux des grâces reçues et renouvelons, quotidiennement, notre ferveur envers Celle qui veut, nous semble-t-il, redire au monde
– qu'il faut revenir à Son Fils,
– qu'on peut la considérer comme la Mère qui compatit aux souffrances des malheureux.

Très Saint-Père,
Veuillez me bénir, moi, indigne de ce qui s'est passé chez moi, ainsi que...

*

Ce dossier est illustré par une série de documents photographiques, montrant l'icône telle qu'elle apparaît lorsque se produisent sur elle ces « effusions » et selon les différentes manières dont celles-ci se produisent : quelques gouttes ; un mince filet ; un large ruissellement.

Ce dossier est remis au Saint-Père à l'issue d'une messe célébrée dans sa chapelle privée.

Jean-Paul II ne se contente pas de recevoir le dossier. Attentif, concentré, posant sa main sur le bras de celui qui en ouvre devant lui les pages, comme pour dire qu'il n'est pas pressé et que cette information l'intéresse fortement, le Pape écoute et regarde longuement.

Il semble aux observateurs de ce moment rare que Jean-Paul II a vraiment « *reçu le message* ».

La preuve en est administrée, bien plus tôt que prévu. Dès le 7 septembre, en effet, la Secrétairerie d'État adresse la lettre suivante à Paul qui, retenu par l'enterrement de son frère, n'avait pu se rendre en personne à Castelgandolfo.

SECRÉTAIRERIE D'ÉTAT

Monsieur,

Le 7 août dernier, vous avez fait remettre au Saint-Père un ensemble de documents au sujet de votre icône de la Vierge Marie.

Le Pape, qui a personnellement pris connaissance de ce dossier, m'a chargé de vous faire savoir qu'il partageait les sentiments de Monseigneur l'archevêque de Toulouse sur la conduite à tenir :

Vous êtes légitimement propriétaire de cet objet et libre de le garder.

Toutefois, il importe que la chose demeure très discrète, afin d'éviter que ne se développent des pratiques de dévotion trop peu éclairées.

La Congrégation pour la Doctrine de la Foi sera informée de l'existence de l'icône que vous avez la chance de posséder.

SECRÉTAIRERIE D'ÉTAT

PREMIÈRE SECTION - AFFAIRES GÉNÉRALES

N. 268.556

DU VATICAN, le 7 septembre 1990

Monsieur,

Le 7 août dernier, vous avez fait remettre au Saint-Père un ensemble de documents au sujet de votre icône de la Vierge Marie.

Le Pape, qui a personnellement pris connaissance de ce dossier, m'a chargé de vous faire savoir qu'il partageait les sentiments de Monseigneur l'Archevêque de Toulouse sur la conduite à tenir: vous êtes légitimement propriétaire de cet objet et libre de le garder. Toutefois, il importe que la chose demeure très discrète afin d'éviter que ne se développent des pratiques de dévotion trop peu éclairées. La Congrégation pour la Doctrine de la Foi sera informée de l'existence de l'icône que vous avez la chance de posséder.

Le Saint-Père, formant les meilleurs voeux pour vous-même et tous les vôtres, vous envoie de grand coeur sa Bénédiction apostolique.

Veuillez trouver ici, Monsieur, l'expression de mes sentiments tout dévoués.

O. Sepe
Assesseur

Monsieur Paul GARDY de SOOS
TOULOUSE

*

Ainsi, et à la suite de ce contact dont on n'avait jamais pensé qu'il fût possible, et dans ces jours précisément où l'avenir de l'icône semble problématique, Jean-Paul II a été renseigné sur ce qui s'est passé à Toulouse depuis le 11 février.

Il demeure qu'il y a un monde entre prendre

connaissance d'un « dossier », et découvrir la « réalité » même. Jean-Paul II a vu des photos de l'icône. Il n'a pas vu l'icône elle-même.

Paul prépare alors avec beaucoup de sérieux et de ferveur son admission comme oblat bénédictin, (admission qui sera effective le 1er décembre 1990). A ce titre, il participe à un pèlerinage d'oblats bénédictins en Italie (Florence, Mont-Cassin, Subiaco, Rome), où il va pour la première fois. Il emporte son icône secrètement sur les instances du Père accompagnateur et a parfois du mal à se taire quand des pèlerins se demandent pourquoi, dans l'autocar, il y a, par intermittence, des bouffées de parfum...

Le 26 septembre, il participe à une audience publique du Pape, mêlé à une foule nombreuse. Et il arrive (il se demande encore comment...) qu'il peut trouver une place au premier rang, juste devant les barrières délimitant l'allée au long de laquelle le Pape, à la fin de l'audience, va avancer. Il porte son icône avec lui. Il la sort de son étui protecteur et, le cœur battant, attend la venue du Saint-Père.

Celui-ci, lentement, serre des mains, bénit, échange quelques mots avec tel ou tel. Et voici qu'il aperçoit l'icône, tenue par son propriétaire. Une photo du photographe officiel montre bien le regard qui se tourne vers l'icône, alors que s'achève une courte conversation avec un Père bénédictin. Jean-Paul II s'écrie, sans hésiter :

– *Mais, c'est l'icône de Toulouse* !

Paul dit quelques mots.

Le Pape joint les mains, entre en prière, promène son pouce sur la surface humide de l'icône, le porte à son front et se signe... Puis il prend l'icône dans

ses mains, l'observe attentivement, l'embrasse et pose son front dessus. Il la bénit, avant de la rendre à son détenteur, profondément ému, en lui disant :
– *Quelle grâce vous avez, vous, tous les vôtres et tous ceux qui l'approcheront !*

Celui-ci a juste le temps de demander :
– *Saint-Père, quelles intentions de prière me donnez-vous, à présenter devant cette icône quand nous prions Marie et Son Fils ?*

Le Pape se concentre, et, le visage grave, il prononce lentement ces trois phrases qui resteront gravées dans la mémoire de celui qui les recueillit :
– *Priez et faites prier pour la Curie romaine... Priez et faites prier pour les consacrés du monde entier... et surtout, surtout, pour le clergé de France...* »

Il s'éloigne vers d'autres fidèles... Mais l'inenvisageable est devenu réalité. Le Pape a reconnu l'icône, qu'il voyait pour la première fois, et dont il n'avait appris l'existence que six semaines plus tôt. Il a prié devant elle, il s'est oint de son huile parfumée, il l'a bénie... On n'a rien à ajouter à cela, mais il n'y a pas à le taire, même si les consignes de prudence et de discrétion demeurent inchangées.

Entre le 5 et le 11 octobre, soit 15 jours plus tard, Paul retourne à Rome à l'occasion de la béatification d'un religieux italien, Annibale di Francia. Pendant son séjour, il rencontre trois cardinaux :
– le Cardinal Rossi, vieux prélat aux yeux malades qui peut cependant observer les ruissellements de l'icône devant lui, demande la permission de l'em-

brasser et se fait passer un coton imbibé d'huile sur ses yeux malades ;
– le Cardinal Proia, l'exorciste du Vatican
– le Cardinal Garronne, ancien archevêque de Toulouse.

On aurait pu espérer une quatrième rencontre, avec le Cardinal Ratzinger lui-même... Mais celui-ci est trop occupé par le Synode des Évêques qui se déroule alors au Vatican. Il tient cependant à ce que l'icône lui soit présentée par l'entremise d'un de ses collaborateurs à qui elle est confiée plusieurs jours.

Et de la bouche du Père Girotti qui la restitue à son « légitime propriétaire », on apprend que le Cardinal :
– a pu, effectivement, la regarder et observer ses effusions d'huile
– ne porte aucun jugement, dans l'instant, sur la signification d'un tel et indiscutable phénomène, mais qu'il pense qu'il peut s'agir d'une manifestation destinée à contribuer au rapprochement catholiques/orthodoxes (et c'est exact que l'icône s'est animée dans un milieu de l'« *Occident* » catholique, mais que c'est à une icône d'origine « *orientale* » que cela est arrivé... et pas à une autre image !)
– approuve les directives de l'archevêque sur la conduite à tenir quant aux manifestations de vénération dont l'icône peut être l'objet
– recommande, pour terminer, l'utilisation de l'expression « *gardienne de la porte* » plutôt que « *porte du ciel* » puisqu'en vérité Jésus seul est LA porte et s'est d'ailleurs attribué ce rôle (Jean 10,7).

L'ICÔNE ET L'ARCHEVÊQUE DE TOULOUSE

Dès le jour des premières effusions constatées sur son icône, Paul a la réaction de téléphoner à son archevêque pour le prévenir de ce qui se passe chez lui.

En fait, il tombe sur un répondeur (car ce 11 février est un dimanche) et ne peut joindre l'archevêque que le lendemain.

Celui-ci écoute les informations qui lui sont fournies, exprime sa compréhension du souci qu'elles semblent faire naître en même temps que de l'émotion qu'elles suscitent.

Et il donne d'emblée un conseil de sagesse, inspiré par son expérience en pareilles situations : prudence avec la presse, afin que la recherche de l'exceptionnel n'amène pas à déformer les faits.

A la fin du mois de février 1990, un communiqué de l'archevêque est diffusé en vue de sa publication dans les journaux locaux. Il ne fait pas allusion à l'icône mais présente l'attitude que doit avoir la hiérarchie ecclésiastique devant certains phénomènes.

L'ARCHEVÊQUE DE TOULOUSE

Février 1990

COMMUNIQUÉ

Lorsque se produit un phénomène à première vue « étrange », « prodigieux » ou « miraculeux », le devoir de l'Évêque est d'adopter une attitude de réserve prudente. Il n'a pas le droit d'engager l'autorité de l'Église dans une approbation ou une condamnation hâtives.

Si le phénomène persiste dans une certaine durée, il devra procéder à un discernement, lui-même précédé par une enquête.

Ce discernement devra répondre à plusieurs questions :

1. Ce phénomène est-il réellement « miraculeux » ? Ne peut-il pas être expliqué par des causes naturelles ?

2. Si le phénomène semble réellement inexplicable, qui en est l'auteur ?

– S'il vient de Dieu, par l'intermédiaire d'un saint, cela pourra être discerné par les fruits spirituels qui découlent de cette initiative divine : conversion, retour aux sacrements, attitude de communion ecclésiale.

Restera alors à percevoir « le signe » donné par Dieu. A qui s'adresse-t-il (à une personne, à un groupe, à l'Église) ?

– Mais, dans le contexte d'une société où l'homme est friand de certitudes en tous domaines et où il confond acte de foi avec évidence de type expérimental, il n'est pas impossible qu'il s'agisse d'un contre-signe venant du Mauvais esprit pour troubler les croyants et déconsidérer l'Église. Cela se vérifierait si le « phénomène » en question provoquait un engouement exagéré, des rumeurs plus ou moins fantaisistes, des divisions dans l'Église, un climat de suspicion ou de désobéissance.

Signé : † André Collini

En fait, l'archevêque expose les raisons justifiant le comportement qui a été le sien dès le début et le sera encore – à juste titre – dans un premier temps : celui d'une « *réserve prudente* ».

Bien que le phénomène de l'icône ne soit pas explicitement évoqué, le dernier paragraphe de ce communiqué a fait – pour certains – l'objet d'une lecture tendancieuse. Avec une hâte (dont l'archevêque souligne pourtant qu'elle n'est pas bonne conseillère dans un cas pareil), ils concluent que l'icône est probablement diabolique ! D'où cette attitude consistant à vouloir ne pas mêler l'Église à cette affaire « suspecte ».

Et, pour ceux-là, la réserve normale en pareil cas est devenue méfiance ; l'observation sereine est devenue négative *a priori*. Ils ne pensent même pas qu'ils ont à observer par eux-mêmes. Et s'ils le font, ils n'encouragent personne à le faire. En fait, plus d'un cherche seulement à découvrir où est la « supercherie ».

D'autres, au contraire, en ont conclu que ce communiqué ne vise pas l'icône de Toulouse, parce que les comportements décrits par l'archevêque comme étant les signes de la présence diabolique ne sont pas, à l'évidence, ceux qu'ils observent autour de l'icône :

• « *engouement exagéré* » ? Mais, pour eux, il n'y a rien qui y ressemble, rue Darquier ! Oui, beaucoup de ferveur... mais pas d'hystérie, pas d'embrassades frénétiques, pas de prostrations anormales ; seulement des gestes simples et émouvants :
– un front qui s'incline pour recevoir une onction
– une main qui se tend pour recueillir un coton

– un regard, surtout, pour observer l'icône, exposée à la vue de ceux qui vont s'en approcher...

• « *rumeurs fantaisistes* » ? Mais, pour eux, il n'y a qu'informations « de bouche à oreille », c'est-à-dire ce comportement bien normal qui consiste à ce que des gens disent ce qu'ils ont vu à des gens qui se disent : « il serait bon d'aller voir »... Et qui parle de « *petit Lourdes* » ? Les journalistes, impressionnés par l'ampleur des défilés qu'ils ont contribué à amplifier !

• « *désobéissance à l'évêque* » ? Mais, pour eux, il n'y a qu'une attitude d'obéissance à l'archevêque, proclamée devant tous et vécue par le détenteur de l'icône et par ses proches...

Ceux qui font cette lecture du communiqué en tirent donc la conclusion qu'il s'agit d'un texte à portée générale, leur fournissant des éléments nécessaires à l'indispensable discernement.

Paul, quant à lui, professe dans une lettre envoyée le 11 mars (donc, juste un mois après le début des « événements ») sa volonté de soumission filiale :

« *J'estime de mon devoir de vous tenir "informé".*

J'ai suivi scrupuleusement vos instructions et j'ai, à ce jour, évité toute intervention des médias ou journalistes, ainsi que curieux et autres "fétichistes".

J'essaie de remplir au mieux ma tâche pour la gloire du Seigneur, pour le diocèse et la conversion du monde.

Je souhaiterais que vous me donniez les éléments précis pour gérer cet événement (accueil des personnes ; enseignements et paroles à leur transmettre, en vue d'un tel signe).

En vous assurant de mon total dévouement, dans une obéissance absolue à mon pasteur et dans l'humilité et la pauvreté de mon âme, je me recommande à vos prières. »

Dans cet esprit, il demande – très tôt – que soit menée une enquête « canonique ». L'archevêque y pense également et en a parlé dans son communiqué de fin février comme d'une procédure normale en pareil cas et devant précéder la phase de « discernement ». La tâche de conduire cette enquête est confiée par l'archevêque au Supérieur des Pères carmes de Toulouse.

Celui-ci démarre ses investigations dès le 19 mars (jour de la Saint-Joseph). Pendant quatre semaines, il peut venir observer l'icône, à n'importe quelle heure quand il le demande... et même très tôt le matin. Il lui est accordé de rester devant elle aussi longtemps qu'il le juge nécessaire. Il peut mener une bonne centaine d'interviews (de prêtres et de laïcs) à partir, notamment, d'une liste de noms communiqués par le détenteur de l'icône. Il peut consulter à loisir l'abondant courrier reçu, faire prélever et analyser le liquide, faire venir des théologiens.

Les conclusions de cette enquête sont remises à l'archevêque le 13 avril, qui était le jour du Vendredi saint.

Paul n'en a pas communication.

Le 16 août, *La Dépêche* qui a cherché à dire quelque chose sur la Vierge Marie à l'occasion du 15 août, fête de son Assomption, ne trouve rien de mieux que de relancer l'affaire sur laquelle les médias ont fini par faire le silence depuis deux mois. Un titre, en première page, évoque « la fin du miracle ? ». Un article, non signé, en pages intérieures se termine par de véritables insinuations, avec des expressions comme « *fini le phénomène* », « *silence gêné* », « *saura-t-on jamais la fin de l'histoire ?* », « *ce que l'on peut dire aujourd'hui, c'est que cette fin sans explication d'un phénomène inexpliqué relance, pour le moins, la thèse de la supercherie* »...

Terrible, ce « *pour le moins...* », semblant insinuer qu'il y a dû y avoir « au moins » supercherie et probablement plus...

L'archevêque, qui a découvert et lu cet article dans la matinée, n'attend pas pour réagir. Le jour même, il fait diffuser le communiqué suivant :

COMMUNIQUÉ
de l'Archevêché

Des personnes nous interrogent pour savoir où en est l'enquête canonique sur les phénomènes attribués à une icône de « Marie, Porte du Ciel » : à Toulouse.

Nous pouvons donner les précisions suivantes :

– L'enquête n'est pas close. Elle doit aboutir à un discernement qui ne peut s'effectuer que dans la durée. Dans l'état actuel du dossier tout soupçon de supercherie aurait un caractère calomnieux.

– Le but de cette enquête n'est pas d'authentifier ou non le caractère miraculeux des faits ; mais seulement de porter un jugement prudentiel pour permettre, dans des conditions à préciser (ou au contraire ne pas permettre) que cette icône fasse l'objet d'une vénération particulière de la part des fidèles.

A Toulouse, le 16 août 1990.

Ainsi, sans faire référence directe à l'article de *La Dépêche*, l'archevêque, utilisant le motif qu'on l'interroge sur « l'icône de Toulouse » et les résultats de l'enquête menée à sa demande, déclare avec fermeté, comme pour arrêter le possible développement d'une nouvelle polémique : « *Dans l'état actuel du dossier, tout soupçon de supercherie aurait un caractère calomnieux.* »

L'utilisation du mot « supercherie » est une allusion, voilée mais nette, à l'article paru le matin.

Les lecteurs ont compris ce qui est contenu dans la réaction si rapide de l'archevêque : on ne peut attaquer dans son honneur la réputation du détenteur de l'icône...

L'archevêque rappelle, en même temps, qu'il réserve son jugement pour le discernement final de ce phénomène.

Juste avant cette intervention courageuse, Paul avait adressé à l'archevêque une lettre, en date du 13 août, pour lui communiquer deux informations :

– la gratitude de toute sa famille pour la restitution de l'icône au bout de deux mois de « *mise à l'écart* », pour l'aide que cette présence apportée à son frère Claude pendant sa douloureuse agonie et jusqu'au moment de sa mort, offerte avec des dispositions de foi profonde et de joie pour cette foi retrouvée ;

– le contact établi avec Jean-Paul II à Castelgandolfo, le Pape « *étant désormais informé de ce qui s'est passé à Toulouse entre février et mai, ayant pu regarder des photos de l'icône en état d'effusions abondantes, et, recevoir un morceau de coton imbibé de cette huile si mystérieusement odorante* ».

Lorsqu'un événement sortant de l'ordinaire survient au cours d'une « itinérance » de l'icône, Paul encourage les personnes concernées à en informer elles-mêmes l'évêque du lieu.

C'est ainsi que, le 25 janvier 1991, une dame de Bordeaux tient à raconter par lettre ce qui lui est arrivé le 5 janvier

– à son propre archevêque,
– et à l'archevêque de Toulouse.

Elle dit, notamment : « *J'ai pu constater que non seulement l'icône de Marie, Porte du Ciel exsudait, comme à son habitude, une huile douce et parfumée, mais encore que sur une reproduction de la même icône appartenant à Madame..., s'écoulaient deux ruisselets de la même substance depuis les yeux de la Vierge. Vous trouverez ci-dessous la signature des personnes présentes, qui confirment mon témoignage.* » (Suivent 6 signatures avec, en plus, mention des noms et adresses des dites personnes.)

*

Le 24 mai 1990, l'archevêque envoie un courrier à Paul contenant le texte du décret qu'il a pris la décision de publier pour diffusion à la Presse, à partir du 30 mai.

La prudence des formules employées n'est pas toujours comprise par les journalistes qui présentent ce texte :

– soit de manière tronquée, ce qui le dénature ;
– soit en l'assortissant de commentaires tendancieux, aux connotations négatives.

Religieuses en prière
dans l'oratoire, rue Darquier.

Emplacement d'origine
de la première exsudation.

Dans les communautés...

es larmes du Christ

-contre : les premières effusions
huile sur l'image du Christ.

-dessous à droite :
rant la Semaine Sainte 1992 :
loration rouge de l'image.

-dessous à gauche : la photographie
nineuse de l'icône,
te le 13 octobre 1990.

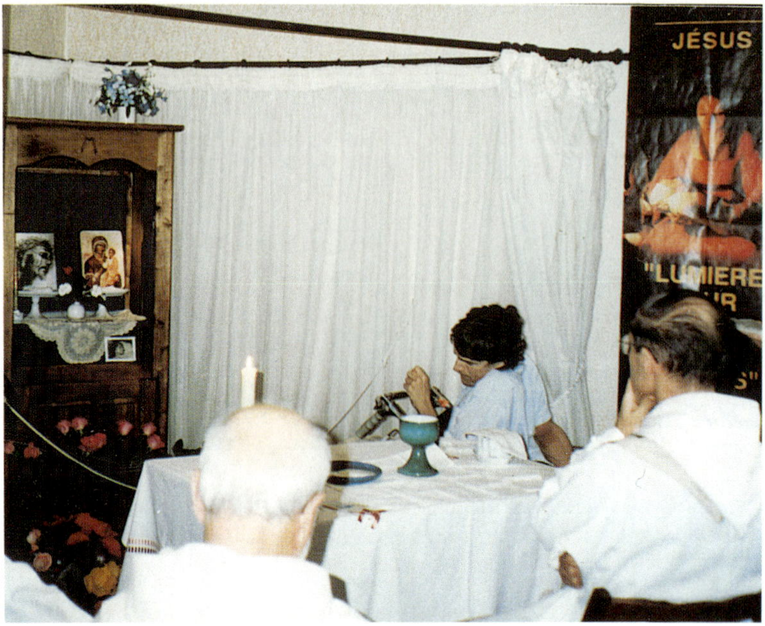

Messe concélébrée devant
les deux images.

Avec un grand malade.

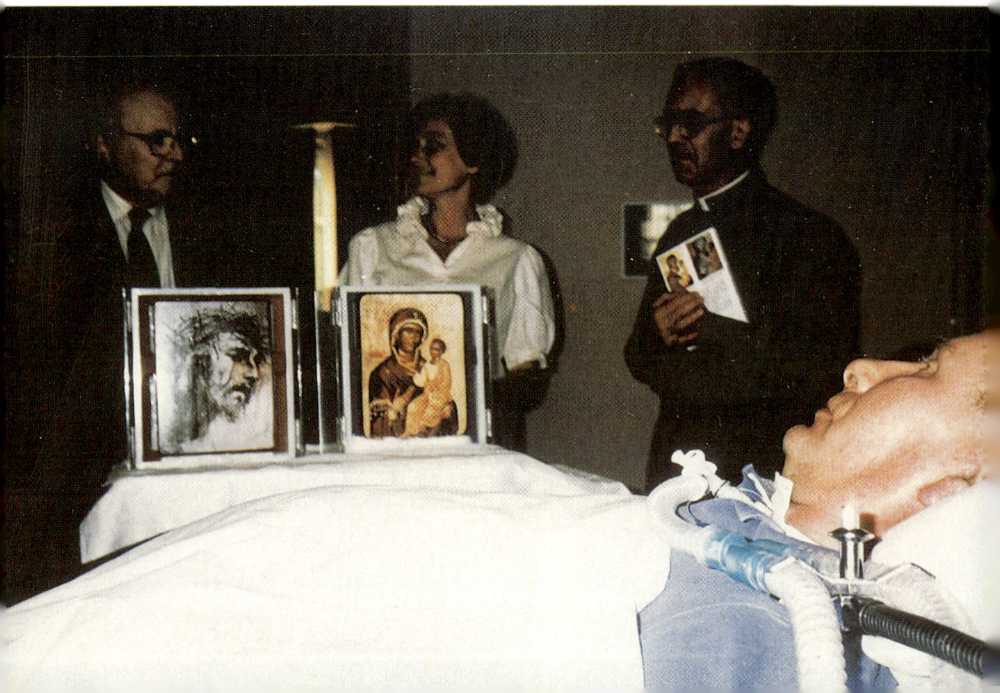

Devant les assemblées.

Dans les paroisses.

Pratlong : « Jeunesse et Lumière ».

Reposoir à l'île de la Réunion.

île de la Réunion.

Devant les enfants.

Jean-Paul II et l'icône de Toulouse

Ci-dessus : le Pape examin attentivement le dossier qui lui est présenté.

Le 7 août 1990, le Saint-Pe prend connaissance du dossier qui lui est remis

Le 16 septembre 1990, le Pape prie devant l'icône

DECRET DE MGR L'ARCHEVEQUE

AU SUJET D'UNE ICONE "MARIE, PORTE DU CIEL"

Au mois de Février 1990, informé qu'une Icône appartenant à une personne privée domiciliée à Toulouse et figurant "Marie, porte du ciel" présentait depuis le 11 de ce mois des phénomènes de suintement d'huile parfumée, j'ai pris la décision d'ouvrir une enquête.

Cette enquête a porté sur :

- le recueil et l'examen de témoignages oraux et écrits ;

- l'expertise par des organismes qualifiés visant à préciser la nature des matériaux de l'Icône et de l'huile parfumée ;

- les conséquences de la médiatisation (massive et de portée nationale) survenue après le 19 mai 1990 et les réactions de l'opinion publique dans l'Eglise ou hors de l'Eglise ;

- le comportement du propriétaire de l'Icône et et des témoins du suintement ;

- l'examen des déclarations faites directement ou indirectement par des personnes attribuant à cette Icône des guérisons ou des conversions.

Cette même enquête, tenant compte de la doctrine de l'Eglise Catholique relative aux "révélations privées" et aux manifestations extraordinaires, permet d'aboutir aux conclusions suivantes :

1° Il n'est pas possible d'exclure totalement une explication naturelle de ce phénomène.

2° Ce suintement ne s'accompagne d'aucun message objectivement discernable. Les interprétations données ont varié au cours du temps.

3° S'il y avait "signe" donné par la Vierge Marie en ce cas, il ne pourrait s'adresser qu'à une ou plusieurs personnes à titre privé.

* * *

En conséquences,

1° Sont interdites toutes expositions et vénérations publiques de cette Icône dans les Eglises, Chapelles ou Oratoires du diocèse ; ainsi que dans des locaux de paroisses, d'aumôneries ou d'associations de fidèles.

2° La vénération privée de cette Icône demeure possible avec l'agrément et sous la responsabilité de son propriétaire. Elle est incompatible avec des rassemblements importants dans des lieux publics ou privés qui seraient précédés d'invitations par voie de circulaires, de tracts, d'affiches ou d'articles de presse. Elle devra toujours conserver un caractère intime, familial et gratuit.

Ces dispositions sont applicables sur l'ensemble du territoire du Diocèse de Toulouse.

Elles seront transmises pour information à la présidence de la Conférence des Evêques de France.

Donné à Toulouse le 24 Mai 1991

Chancelier

ARCHEVÊCHE DE TOULOUSE

\+ André COLLINI
Archevêque de Toulouse

C'est ainsi que *Le Parisien* titre : « *L'Église se fâche...* », « *Le couperet de la guillotine est tombé* ». Or, à bien lire le texte, il n'y a ni colère, ni guillotine !

C'est ainsi que *La Croix* ne présente que des extraits, avec un titre qui est si orienté qu'il fait penser à une interdiction totale, alors que la teneur du décret est beaucoup plus nuancée : « *Pas de vénération publique* ». Ce n'est pas inexact, en rigueur de termes, mais plus d'un lecteur a compris : la vénération de l'icône est désormais interdite...

C'est ainsi que le *Journal de Toulouse* titre : « *L'icône prend la porte de l'oubli* ».

Ainsi, le texte est le plus souvent détourné de son sens, commenté comme une interdiction pure et simple, présenté comme une semonce et une sanction, alors qu'il s'agit de rendre publiques et claires des consignes visant à permettre « les conditions d'une légitime vénération », en tenant compte de deux « cas de figure » :

1. *Expositions et vénérations publiques* : interdites, c'est exact (ceci n'étant valable – strictement que sur le territoire du diocèse, puisqu'un évêque ne peut légiférer que pour le diocèse dont il est le pasteur).

2. *Vénération privée* : possible, quoi qu'en ait dit la Presse, à condition seulement de lui conserver un caractère « *intime, familial et gratuit* ».

Ce décret est accueilli avec humilité et esprit de soumission par le propriétaire de l'icône et ses proches.

D'ailleurs, c'est presque toujours ainsi que les choses se passent, comme en témoigne la photo bien significative de la page 6 des illustrations : une famille (trois enfants en bas âge, le père, la mère qui attend un quatrième pour une date très prochaine) reçoit l'icône. C'est l'occasion d'un recueillement profond, d'un chapelet récité à genoux face à l'icône installée sur la table de la pièce de séjour, avec participation des tout-petits qui ont déjà pris l'habitude de le dire...

Et c'est tout. Une même scène s'est reproduite à de très nombreuses occasions... Il faut quand même ajouter : juste avant le départ de l'icône, celle de la famille, placée sur la cheminée, s'est mise à avoir des effusions vraiment abondantes, elle aussi.

Une grande préoccupation demeure : comment mesurer, et surtout contrôler, l'effet du « bouche à oreille » ?

Une réunion est prévue et annoncée sans tracts, ni affiches, ni articles de presse, comme le demande Monseigneur l'archevêque, et ceci afin de conserver au rassemblement son caractère « intime ». Il n'y a eu, vraiment, aucune action « tapageuse », « racoleuse ». Et voici que les 30 personnes prévues se retrouvent 300 !

Ou encore, un groupe de prière (comme il en existe tant en France, maintenant) organise une rencontre à l'occasion du passage de l'icône... et voici que les 50 personnes prévues se retrouvent 700 (en raison du dynamisme avec lequel a fonctionné son réseau d'information « de personne à personne » : téléphone, visite, ramassage en voiture...).

Qui donnerait l'ordre de les renvoyer ? Tous ces gens sont venus, parfois de loin et non sans dérangement, pour prier la Vierge Marie et Son Fils... Vraiment, il est impossible de les disperser !

En se basant sur une phrase un peu sibylline de Monseigneur l'archevêque, certains lecteurs ont prétendu qu'il pencherait pour une explication naturelle de ce phénomène, puisqu'il a écrit : « *Il n'est pas possible d'exclure totalement l'explication naturelle de ce phénomène* ». Mais, comme le fait remarquer avec finesse l'abbé Laurentin, dans un article de *Chrétiens Magazine* :

« *Quant à "l'explication naturelle" que l'évêque aurait trouvée, la presse parle, en termes vagues, d'une officine italienne qui aurait réussi à incorporer de l'huile au bois destiné aux icônes pour provoquer des suintements. Ces explications absurdes et sans fondement n'ont nullement été avancées par l'archevêque. Il dit seulement, dans le langage propre à ces documents, dont il faut peser tous les mots : "Il n'est pas possible d'exclure totalement l'explication naturelle de ce phénomène". Autrement dit :*

– *l'archevêque n'en a pas ;*
– *mais il n'ose pas dire qu'il n'y en a pas !*

La phrase a été profondément altérée par Le Parisien *qui transpose : "une explication naturelle... ne peut plus être écartée aujourd'hui", comme si un fait nouveau avait mis en évidence une fraude.* »

Monseigneur l'archevêque prend, à ce moment-là, l'initiative de réclamer l'icône... momentanément. De sa part, un jour, et sans avoir prévenu, un prêtre vient, disant qu'il a la consigne de prendre l'icône et de l'amener à l'archevêché. Il ne présente aucun papier l'accréditant à faire cela. Mais la résolution ancrée chez Paul d'entretenir des rapports confiants avec sa hiérarchie ecclésiastique, dans une vue de foi, est si forte qu'il ne s'oppose en rien à ce qu'on exige de lui (quoi qu'il en soit du sacrifice intérieur qu'il ressent à se voir séparé de son icône, sans qu'on lui dise ni pourquoi ni pour combien de temps).

L'archevêque garde l'icône pendant 15 jours chez lui, et la fait ramener rue Darquier.

*

Le 14 décembre 1991, fête de saint Jean de Damas, grand défenseur des icônes en Orient, Monseigneur l'archevêque reçoit Paul à l'archevêché, ainsi qu'un bénédictin mandaté par son Père Abbé pour entamer avec l'archevêque des conversations portant sur l'avenir de cette icône. Il reçoit en même temps la secrétaire chargée de l'écrasante tâche de la réponse au courrier (40 000 lettres, déjà !), de l'expédition des cotons imbibés (30 000, à ce jour), de l'organisation des déplacements, etc.

Au cours de cette réunion, la réflexion porte sur la meilleure manière d'organiser à l'avenir la dévotion autour de l'icône dans un cadre ecclésial. Les phénomènes liés à l'icône durent depuis près de deux ans déjà. Personne, dans ce groupe, ne pense qu'ils vont s'arrêter. Il faut donc envisager les meilleures conditions de gestion dans le futur.

Après bien des recherches, une voie va s'ouvrir, mise au point conjointement par l'archevêché et par l'abbaye.

Le 24 décembre, Monseigneur l'archevêque remet personnellement à Paul le texte mis au point par les deux instances « ecclésiastiques ».

Désormais, un comité est constitué pour aider officiellement le détenteur de l'icône, dans le double domaine de ses déplacements avec elle et des questions financières soulevées par ceux-ci.

Ce comité n'a ni à inciter à la pratique d'un culte, ni à encourager un culte. Il a pour but de gérer dans la discrétion la dévotion particulière à l'icône en liaison avec les autorités ecclésiastiques.

C'est avec gratitude que Paul le remercie pour cette aide si nécessaire :

« *Merci d'avoir accepté de nous prendre en charge. N'oubliez jamais que j'ai toujours considéré mon rôle comme un acte d'amour ineffable au Seigneur, à Son Fils Jésus, à la Vierge Marie, mais aussi aux pauvres, aux malades, aux déshérités, aux persécutés par le Malin... Je vous demande que votre acceptation de cette tâche reste toujours empreinte :*

– *de grandeur dans l'humilité ;*
– *d'abnégation sans arrière-pensée ;*
– *et remplie d'affection fraternelle.*

Que par la Vierge Marie nous apportions, chacun, notre pierre à ce magnifique édifice que la Providence a bien voulu nous confier. »

LES VISITES DE PRIÈRES, RUE DARQUIER

Pendant une année, très exactement du 11 février 1990 au 11 février 1991, l'icône aux « effusions » est exposée sur le marbre recouvrant la cheminée de la pièce de séjour, bien éclairée par la lumière venant de la grande fenêtre en face.

Devant le ruissellement d'« huile » coulant à la base de l'icône, l'idée était venue, dès le premier soir, de placer une coupelle remplie de coton, afin de ne pas perdre un tel liquide. Et comme ce coton, fréquemment remplacé, se retrouve vite imprégné, Paul a eu l'idée d'en prélever des morceaux qu'il donne, dans les débuts, à de rares privilégiés, heureux de ramener chez eux un signe impressionnant de ce qu'ils ont été amenés à voir.

Jusqu'à la fin du mois de mai 1990, en raison de l'effet d'un « bouche à oreille » s'amplifiant de jour en jour, en raison – aussi et surtout – des informations diffusées par la presse, l'appartement ne désemplit pas, à certaines heures, d'une foule considérable. C'est la période de véritables défilés, au terme desquels chacun passe devant l'icône, hélas sans pouvoir s'attarder, compte tenu de tous ceux qui attendent derrière, dans l'escalier, dans la cour de l'immeuble, et jusque dans la rue, sur des centaines de mètres, certains jours.

Chacun reçoit sur le front une onction d'huile faite par l'un de ces volontaires qui se relaient dans l'appartement pour veiller à ce que le climat soit toujours de silence, de calme, de prière ; à ce que personne ne saisisse l'icône, ne la touche, ne la mette en contact avec des chapelets, des médailles, des images, des photos... Certains repartent, parfois, avec des cotons imbibés. Mais l'icône n'est pas une source, et il arrive, à l'issue de longs défilés, qu il ne soit pas possible de satisfaire à la demande, dans l'instant. Alors, on suggère aux « pèlerins » un peu déçus, d'écrire, en leur promettant qu'un jour ils recevront un peu de coton imbibé, ce qui est fait. Ainsi commence le courrier de l'icône...

A partir du mois de septembre 1990, l'icône est réinstallée à sa place... Claude, le frère mort le 5 août en la tenant dans ses mains, avait supplié : « *Qu'elle ne reste pas dans un placard !* »

Le nombre plus limité, désormais, de gens retournant voir l'icône permet que l'oratoire ne soit plus seulement une pièce où défilent des foules, mais un « espace de prière, de recueillement, de vénération ». Et Dieu sait si la prière y est souvent intense, le recueillement profond, la vénération chargée à la fois d'action de grâces et de demandes instantes.

Mais, en vérité, il est difficile que cette pièce soit seulement un « coin de prière ». Car, dans le même espace, il faut recevoir, et donc écouter, puis réagir, prendre les repas, trouver un peu de calme après tant de rencontres... et forcément de discussions.

Aussi, le 11 février 1991, à l'occasion du premier anniversaire du début des effusions sur l'icône, celle-ci est déplacée et amenée en procession jusqu'au nouvel oratoire préparé pour la recevoir, situé dans la deuxième pièce de l'appartement.

D'amples draperies blanches créent une atmosphère de solennité discrète. La Bible de Jérusalem, marquée par les coulées qui avaient ruisselé sur elle le premier jour, est installée devant l'icône, ouverte à cette même page où elle l'était le premier jour, avec le texte d'Isaie 7 : « *La vierge concevra, et elle enfantera un Fils, à qui on donnera le nom d'Emmanuel.* »

Dans un meuble tendu de tissu bleu, l'icône, seule, éclairée par quelques ampoules et cierges.

Tout autour, l'icône de la Trinité, la photo du Saint-Père et celle de Marthe Robin.

Devant, un cordon tendu, pour réfréner l'envie des personnes venues se recueillir, de s'approcher jusqu'à pouvoir toucher l'icône...

Et c'est dans ce décor nouveau que, désormais, les personnes désireuses de se recueillir, peuvent le faire, accédant à cet oratoire par un deuxième escalier, qui leur évite de traverser la première pièce où, souvent, se retrouvent d'autres personnes venues discuter, demander des informations, soumettre des projets... ou, tout simplement, rencontrer Paul à titre tout à fait personnel.

Il y a donc, désormais, bien distingués, un « coin-prière » et un « coin-rencontres ».

*

Concrètement, comment voir l'icône ?

On ne vient pas sans avoir prévenu. On n'accède à l'oratoire, dont la porte d'accès est commandée depuis un interphone, qu'après accord préalable, obtenu à la suite d'un contact téléphonique ou d'une demande formulée par un courrier. Cette façon de faire permet d'écarter les importuns : fervents au zèle excessif ; bavards impénitents ; semeurs de zizanie... Elle permet, aussi, d'éviter la déception de gens venant, parfois de loin... et trouvant porte close !

Depuis plus de trois ans, quand l'icône est dans son oratoire, c'est autour de 30 personnes – quotidiennement – qui demandent que la porte s'ouvre afin de leur permettre de vénérer Marie, « porte... du Ciel ».

Il y a le plus souvent, dans cet oratoire, soit un silence rigoureux, soit le bruit provoqué par des prières en commun. Vraiment : « *Locus iste... a Deo factus est* ». Ce lieu porte une grâce qu'il convient de respecter...

Tout est très simple et naturel. Les personnes, à genoux ou assises sur les quelques chaises et fauteuils disposés en arc de cercle, face à l'icône, restent le temps qu'elles désirent. Il peut s'agir d'une courte visite, occasion de réciter quelques *Ave* et de montrer l'icône à des personnes qui n'avaient pas eu encore l'occasion de la voir.

Il peut s'agir, aussi, de haltes beaucoup plus prolongées. On voit des visiteurs rester des heures, parfois jusque très tard dans la soirée, tant l'accueil est empreint de compréhension et... d'oubli de soi, tant on sait, après tout ce qui a été observé près de l'icône, qu'il y a, parmi ceux qui gagnent chaque jour l'oratoire, plusieurs qui ont soit d'immenses peines à confier, soit une immense reconnaissance à exprimer.

Beaucoup repartent avec un coton imbibé « d'huile », pensant à des absents qui souhaitent le recevoir, ou trouvant légitime de le conserver avec son parfum persistant, qui leur donne un avant-goût du bonheur que Dieu nous prépare.

Comme la vie profonde de l'Église est discrète ! A côté des églises, sanctuaires, chapelles, visibles du dehors et où les fidèles viennent entendre la messe ou se recueillir, il y a des « lieux de grâces », des « coins de prière », invisibles de la rue et où se retrouvent des âmes ferventes pour dire un chapelet et vivre ce que disait si bien Paul Claudel :

« *Je viens seulement, Mère, pour vous regarder,*
vous regarder, pleurer de bonheur, savoir
cela que je suis votre fils et que vous êtes là. »

*

A côté de ces passages « *individuels* », il y a des venues fréquentes de « *groupes* », plus ou moins importants :
– familles venant avec des enfants ;
– groupes de prière, habitués à se retrouver là, dans une atmosphère très « porteuse » ;
– délégation de religieuses de communautés diverses ;
– groupes de province venant en voiture, parfois en cars, et qui, ayant vu l'icône au cours d'une « itinérance », veulent la retrouver dans son oratoire toulousain ;
– même un groupe de Japonais d'Osaka, venant sans qu'on ait jamais su comment, là-bas, ils ont entendu parler de cette icône !
– pèlerins, venus d'ailleurs ou allant ailleurs, et tenant, dans leur circuit, à faire halte rue Darquier.

On a vu un jour (ce fut le record !) jusqu'à 75 personnes entassées dans cette pièce capable – normalement – d'en accueillir 25. Ils viennent de Lourdes et tiennent à s'arrêter devant cette autre présence « agissante » de Marie.

Ils ont compris que s'il y a des lieux où l'on se rend parce que là des personnes privilégiées ont « vu de leurs yeux » la Vierge qui leur parlait, il y a d'autres lieux où la Vierge ne parle pas mais où chacun peut « voir » une icône, d'où ruisselle un liquide, accompagné – parfois – d'un parfum merveilleux : spectacle qui bouleverse les âmes...

Le sacrement des malades a été donné, une fois, à un merveilleux jeune de 10 ans, hémophile contaminé lors d'une transfusion, et supportant avec un courage sublime cette maladie affreuse qui l'affaiblissait, le faisait maigrir, lui ôtait ses forces vives. « *Petit Pierre* », comme on l'appelait avec une affection immense, aurait voulu être prêtre. Il mourut dans des dispositions spirituelles qui bouleversèrent ceux qui ont assisté à ses derniers moments.

Sa photo est, désormais, dans l'oratoire. Dieu nous a fait la grâce de nous le laisser 11 ans ! Cet adolescent lumineux est devenu l'un des « protecteurs » de l'oratoire où il aimait tant faire halte, avant ou après ses passages à l'hôpital.

Extraits d'une lettre d'un habitué de l'oratoire, reçue le 3 mars 1993

« Les icones n'arrêtent pas l'œil sur le prodige.
Elles invitent au dépassement...
Elles nous renvoient vers des personnes vivantes.
Elles tentent de visualiser les grâces,
mais notre vue doit remonter en amont des phénomènes...
Le visible des grâces ne piège nullement le regard dans une image.
Le merveilleux est là pour nous réveiller intérieurement à la vérité simple de l'amour.
L'oratoire n'est pas "la piste aux étoiles"
ni le repaire des "enragés du bizarroïde"...
C'est un lieu calme, un lieu inondé de prière,
un endroit de rencontre, pour que l'espace de notre vie se redresse en la divine lumière.
Les "esprits forts" de la religion auraient tendance à voir ce qui se passe là comme "le fourre-tout des mauviettes", "l'arche de Noé des éclopés et des zinzins"...
Tant mieux si l'oratoire accueille les petits, les pauvres, les malades...
Il vaut mieux avoir :
– le cœur tendre que l'esprit fort ;
– les gestes de l'accueil que les critiques des vipères ;
– l'humilité du service que les orgueils d'une vie chrétienne "bien boulonnée". »

LES VOYAGES DE L'ICÔNE

Rien n'a été prévu à l'origine...

Mais des chrétiens fervents, qui se déplacent de province ou qui ont entendu parler de ce qui se passe dans l'appartement de la rue Darquier par la presse nationale (entre autres par un article dans *France Dimanche* qui eut un grand retentissement dans un large public, et par la *France Catholique*, sous la plume de l'abbé Laurentin) demandent la faveur de pouvoir vénérer l'icône chez eux, en pensant à des gens âgés ou à des malades incapables de se déplacer. Ils expriment un projet, en termes souvent bien émouvants : celui de pouvoir réconforter des personnes que la vie n'a pas ménagées et qui seraient vraiment réconfortées en découvrant que le ciel est proche...

Alors, l'icône s'est « mise » à voyager. En plus de trois ans, elle a utilisé maintes fois l'avion, le train, la voiture... Elle a sillonné la France, allant là où on l'appelait, selon des circuits prévus par des organisateurs bénévoles et soumis au préalable à l'approbation du comité, quand celui-ci s'est constitué. Il n'est pas possible, dans le cadre de ce petit livre, de raconter par le détail toutes les « merveilles » qui ont été générées par les « itinérances » de cette icône.

Ce que l'on peut dire ici, c'est comment se passent les réunions de prière, d'une façon générale, à quelque heure qu'elles se déroulent, car il y en eut parfois très tôt le matin, parfois fort tard dans la soirée... et se prolongeant au cours de la nuit, en raison du besoin de prier des participants.

L'icône est d'abord mise en place sur une estrade fleurie, sur une table, sur une cheminée. Sa présence fournit l'occasion de réciter un chapelet, parfois un rosaire. Certaines fois, le chapelet est commenté par un prêtre, une religieuse, un laïc... Il est arrivé que la voix des enfants présents prononce les premiers mots de la prière. Le reste de l'assistance achève alors les « Je vous salue, Marie... »

Puis vient le « témoignage » du détenteur de l'icône, qui raconte ce qu'il a vécu depuis ce fameux 11 février 1990. Il le fait de manière brève ou plus détaillée, en s'adaptant aux horaires et aux demandes de l'auditoire, faisant se succéder la gravité... et l'humour. Il raconte la première effusion, le climat avant et pendant le déchaînement des médias, l'agonie et la mort de son frère, qu'il évoque toujours avec une grande émotion, entraînant celle de l'auditoire ; puis, quelques récits révélateurs des grâces reçues, des conversions avouées, des guérisons révélées.

A l'issue de l'exposé, les participants sont invités à défiler individuellement devant l'icône, pour la voir de plus près, constater personnellement les effusions sur sa face, respirer son parfum, recevoir sur le front une onction de cette huile et confier – s'ils le veulent – leurs intentions de prière, rédigées sur un billet, qui sera déposé dans un coffret disposé près de l'icône, dans l'oratoire de Toulouse.

*

Aucune rencontre ne ressemble à une autre. Son déroulement dépend du nombre des participants, de leur ferveur, de leur habitude à se retrouver déjà ou non, de la qualité des chants soutenant la prière commune...

Mille décors ont servi de cadre à ces rencontres : garages décorés, salons d'appartements ou de maisons, chambres de malades, salles de réunion prêtées par des municipalités, locaux d'œuvres, jardins ou parcs quand il fait beau...

Jamais, vraiment jamais, il n'y a eu de scènes de désordre, il n'y a eu de tumulte, il n'y a eu de contestations... Beaucoup de silence à certains moments, ou d'unanimité dans les chants et les prières... beaucoup de patience au cours des longs défilés devant l'icône.

*

Jusqu'à maintenant, les voyages de l'icône ont privilégié les régions proches de Toulouse :

– le Lauragais, le Gers, le Lot ;
– le Languedoc-Roussillon, avec de nombreuses haltes à Montpellier, Narbonne, Béziers, mais aussi dans de petits villages du Minervois et des Corbières ;
– le Bordelais, qui mit sur pied des venues fréquentes de l'icône ;
– Lourdes, bien sûr, où l'icône est amenée au moins 4 fois, la dernière ayant coïncidé avec la présence de

Vicka, une des voyantes de Medjugorje, qui fait un long exposé sur les apparitions, en ayant juste derrière elle l'icône de Paul qu'elle tient à observer longuement...
– la Provence, où il y eut des rencontres particulièrement nombreuses à Fontvieille, Toulon, Fréjus, Hyères.

*

Mais l'icône a été appelée à des déplacements plus lointains :
– la région lyonnaise (avec Lyon, Saint-Étienne, Saint-Chamond) ;
– Paray-le-Monial, où sont rassemblées 15 000 personnes autour du Père Tardif. Celui-ci se recueille devant l'icône et confie sa conviction qu'elle présente « *un signe de particulière présence divine* » ;
– la Bretagne, la Normandie et la Vendée, surtout.

Ce sont des terres plus « lointaines », mais elles ont reçu plus de visites qu'ailleurs, parce que ce sont des régions où la foi est encore vive, l'habitude de prier ancrée à travers un réseau de « groupes de prière », développé grâce à des personnalités très dynamiques et d'une grande ferveur mariale.

C'est ainsi que l'icône a souvent été montrée de Landerneau à Chôlet, de Caen à Hennebont, de Lorient (base des sous-marins) à Angers, en passant par des villes comme Bressuire, Laval, Nantes, Quimper, Rennes, Sées, Vitré, mais aussi par de nombreux petits villages, comme ce Saint-Aignan-sur-Roes, où vit Sœur Marie de la Croix, la stigmatisée, et Malestroit où vivait la Mère Yvonne-Aimée.

*

Les voyages de l'icône l'ont entraînée aussi à l'étranger et hors métropole :
– en Espagne (précisément à l'Escorial, près de Madrid, où se produisent des apparitions de la Vierge Marie) ;
– en Italie (en fait, à Rome, deux fois) ;
– en Belgique, à Bruxelles, et aussi à Namur, où Monseigneur Léonard a longuement prié devant elle dans sa chapelle privée ;
– en Suisse, où le patriarche orthodoxe de Genève offrit la photo de la *Portaïtissa*, exposée dans la basilique Saint-Serge à Moscou ;
– au Gabon ;
– à l'île de la Réunion ;
– aux Antilles.

*

Il faut évoquer le cas particulier des grands rassemblements, involontaires, mais qui furent tels :
– à Paris, dans une salle de réunion, avenue de Friedland, les organisateurs, un peu effrayés par la dimension de la salle, mettent en place une trentaine de sièges, très espacés, afin d'occuper l'espace perçu comme démesuré par rapport au monde attendu... Or, 700 personnes défileront tout l'après-midi, remplissant jusqu'au fond la salle, juste capable de les contenir ;
– à Hennebont, 1 000 Bretons, contre toute attente, prient et chantent pendant des heures ;
– à Fontvieille, 2 500 Provençaux venus en voitures, en cars, de la région d'Aix, Marseille, Toulon, se

retrouvent dans un climat de joie et de ferveur comme savent le susciter les équipes du Renouveau ;
– à Villecroze, près d'Hyères, encore des milliers de personnes, autour du sanctuaire des Sœurs dominicaines ;
– à Marseille et à Toulon, des journées d'adoration continue, organisées dans des églises, avec l'accord expresse des ordinaires du lieu, regroupent chaque fois plus d'un millier de fidèles...

La Vierge Marie a ses secrets pour attirer les foules ! Elle agit comme un aimant... Qui s'en attristerait, de ceux qui l'aiment et qui savent bien qu'elle ne fait venir à elle que pour murmurer à tous et à chacun les mêmes mots qu'elle disait aux serviteurs de la noce de Cana : « *Faites tout ce qu'il vous dira.* »

A l'occasion des différents déplacements de l'icône, il est important de préciser que selon le témoignage fait *a posteriori* par de nombreux prêtres, beaucoup d'entre eux ont été amenés à confesser durant plusieurs heures pendant la visite de la *Portaïtissa* et dans les jours qui ont suivi.

*

Le 13 octobre 1990, il y a sur l'icône de Toulouse une manifestation qui plonge dans la stupéfaction tous ceux qui ont eu à l'étudier.

A Lourdes... et un 13 octobre, jour anniversaire du miracle du soleil, à Fatima ! un groupe de prière catalan, dont les réunions se passent d'habitude près de Barcelone, est à Lourdes, dans les salles de réunion de l'hôtel Sainte-Catherine.

Ils ont pu prier devant l'icône et écouter le témoignage de Paul. Celui-ci, fatigué par une assez longue intervention, demande à l'un de ceux qui l'accompagnent, de prendre l'icône et de faire à sa place les onctions à tous les participants qui vont défiler devant elle.

Au moment où passe une jeune maman portant son bébé (malade) dans ses bras, l'homme qui tient l'icône d'une main sent une forte chaleur... Dans le même temps, un jeune garçon prend des photos, dont celle de la jeune femme à l'enfant. Quand, à son retour, en Espagne, il fait développer son rouleau de photos, il est stupéfait de constater sur l'une des photos que l'icône semble émettre une lumière.

Et il ne s'agissait pas de la réverbération de l'éclair d'un flash : la lumière vive d'un flash aurait effacé l'image au point d'impact maximum, mais sans phénomène de luminescence. Le halo, comme une « aura », qui apparaît autour de l'icône, est donc le résultat d'une lumière « émise » et non d'une lumière « projetée ». Il s'agit vraiment d'un phénomène non explicable techniquement, puisqu'il n'a pu être reproduit. Un photographe professionnel a pris l'icône de Paul et a procédé à une série de prises de vue, dans la même position qui était la sienne à Lourdes quand l'amateur l'avait photographiée. Le flash, à cette occasion, a supprimé la perception claire de l'icône... en l'aveuglant.

L'abbé Laurentin, impressionné par cette photo, prise dans des conditions de lieu et de temps bien précises, a exprimé son sentiment dans un numéro de *Chrétiens Magazine* :

« *Dieu fait-il signe ? Les faits qu'on me soumet et que l'Église m'invite à n'interpréter qu'avec prudence, posent la question... S'ils adviennent, mieux vaut les prendre en action de grâce qu'avec contention, avec un sens critique ouvert plutôt qu'avec suspicion... Dieu est un Père. Il est bon. Il ne lui est pas interdit de faire signe à ses enfants. »*

*

Pour l'avenir de ces « itinérances », Paul est à la fois très sollicité et très perplexe pour répondre...

Des appels, il y en a même pour des pays très lointains, désormais. Ainsi, l'archevêque de Libreville, au Gabon, a demandé instamment la venue de l'icône de Toulouse dans son pays pour le progrès de la ferveur mariale de son peuple. Ce voyage a eu lieu avec son autorisation expresse. Les fruits spirituels nombreux consécutifs aux réunions de prière organisées autour de l'icône ont été communiqués à l'archevêque de Toulouse par le clergé gabonais, notamment de Port-Gentil. Plus de 8 000 chrétiens se sont rassemblés autour de l'icône par groupes ethniques. Un lépreux, sans oreilles, ni nez, avec les moignons aux mains et aux pieds, a embrassé l'icône. Paul, en l'embrassant, a eu l'impression d'embrasser le Christ. Ce fut sa plus belle récompense.

De même, le clergé de la Réunion, les Lithuaniens, et beaucoup d'autres...

PLUS DE 80 000 LETTRES

Depuis le 11 février 1990, Paul a reçu plus de 80 000 lettres ! Ce qui signifie qu'au long d'environ 1 500 jours de distribution de courrier, il est arrivé en moyenne 50 lettres par jour... Moyenne signifie, bien sûr, qu'à certains jours il y a un courrier plus limité, mais qu'en contrepartie, à d'autres jours, il y a des sacs postaux.

L'adresse fut si vite connue des PTT que sa réputation permit à la Poste d'y acheminer des lettres portant des mentions bien approximatives, comme : « *Près du Palais de Justice* », « *Quartier du Salin* », ou même seulement : « *Toulouse* » !

On a vu des enveloppes envoyées au Syndicat d'Initiative en lui demandant de faire suivre. Et le Syndicat transmettait à l'archevêché... qui renvoyait à la bonne adresse, dûment complétée.

*

D'où vient une telle avalanche de courrier ?

– De tous les départements de la France métropolitaine, pratiquement, mais aussi des territoires d'Outre-mer : Guadeloupe, La Réunion, Nouvelle-Calédonie...

– Des pays proches de la France : Allemagne, Belgique, Espagne, Hollande, Italie, Monaco... ou lointains : Australie, Corée du Sud, Gabon, Nouvelle-Zélande, Togo, Venezuela, Haïti, États-Unis...

*

Si l'on se demande ce qui a provoqué des envois aussi massifs, on peut répondre que plusieurs sources de ces flots de courrier ont été repérées :
– les émissions de télévision de mai 1990 ;
– les articles de journaux consacrés à l'icône, avec une palme d'efficacité pour deux d'entre eux : *France Dimanche*, et sa page spéciale en juin 1990 ; *Chrétiens Magazine*, et la série d'articles de René Laurentin, de fin 1990 à mars 1993 ;
– les passages de l'icône dans telle ou telle ville, provoquant les assistants à envoyer à Paul, en fait intouchable pendant les réunions de prière, un courrier contenant des intentions de prière ou une demande de coton imbibé.

*

Beaucoup de ces lettres, effectivement, sont expédiées dans ce seul but. Mais ceux qui écrivent manifestent, presque unanimement, une émouvante générosité. Ce coton, il est pour d'autres personnes, des gens âgés, des malades, des gens vivant de cruelles épreuves...

Et ce que cet immense dossier révèle de souffrances ne peut susciter, chez celui qui le consulte, que poignante émotion. L'humanité concrète qui s'y livre, n'est pas celle des publicités. Celles-ci ne montrent, le plus souvent, que des gens jeunes, beaux, bien portants, riches et sans problèmes autres que leurs désirs à satisfaire...

La réalité est bien différente : que de malades, de gens seuls, de gens écrasés par d'insolubles épreuves, de gens atteints par d'immenses souffrances physiques ou morales !

On ne verse pas, ici, dans le dolorisme. On constate... Et cet innombrable peuple de petits, si douloureux, conscient de ce qu'il y a peu de remèdes seulement humains à ses épreuves, se tourne vers le Ciel, espérant en sa Bonté, confiant dans sa Toute-Puissance.

C'est un véritable appel au secours. D'où ces cris jetés à l'adresse de « Monsieur S.O.S. »...

Le ton de ces lettres est toujours remarquablement courtois. Des gens cultivés ou des gens plus simples ont pris la plume pour s'exprimer en phrases bien tournées ou en expressions embarrassées. Mais, unanimement, ils ont été d'une grande correction et, plus, d'une touchante gentillesse. Des centaines de missives, sans s'être concertées, commencent avec le message suivant :

« *Monsieur,*

Veuillez m'excuser de contribuer à l'énorme charge de travail qui doit être la vôtre. Je suppose que la réponse au courrier que vous recevez doit vous accaparer considérablement. Aussi, je n'ose vous écrire, à mon tour, que parce que je sais pouvoir compter sur votre extrême disponibilité, dont j'ai entendu parler. J'aurais à votre égard une très grande gratitude si vous trouviez le temps de répondre à ma demande. »

Le cœur rend poli. Et la politesse fait découvrir des phrases bien touchantes...

Les 80 000 lettres reçues et conservées remplissent des armoires de classement.

Dans l'impossibilité de les analyser toutes, ici, nous ne donnerons que des extraits de trois d'entre elles :
– l'une donne un compte rendu d'une réunion de prière, dans la région de Cognac ;
– une autre raconte, avec humour et émotion, les effets constatés d'un coton reçu par la poste ;
– la dernière livre les réactions personnelles d'un grand malade, devenu l'un des familiers de l'icône.

Premier extrait :
compte rendu de réunion de prière

« Je n'ai pu vous exprimer assez longuement les remerciements de vos invités, lors de l'assemblée du... Tous nos amis sont partis le cœur léger, malgré le poids écrasant des soucis qui accable la plupart d'entre eux.

Je les avais vu entrer, l'air inquiet, voire triste même... car ils arrivaient avec leurs peines à présenter à Marie, Mère du Sauveur.

J'ai été très édifiée par leur attention qui n'était pas, croyez-le bien, de seule politesse.

Il y avait, présents, des gens de toutes les classes de la société :
– la sœur d'un évêque, dont une fille, sortie du Carmel, s'est mariée avec... le supérieur d'un couvent ;
– une maman dont la fille a été violée par trois noirs, et dont le bébé – venu à la suite de ce drame – est mort ;

– une épouse bafouée, découvrant après 35 ans de mariage que son mari a 3 enfants “ailleurs”, cachés depuis 28 ans, qu’il avait reconnus. Mais elle ne l’avait jamais su...

– une autre, mère de 6 enfants, dont le mari est parti avec une femme de 30 ans de moins que lui ;

– une autre, mariée à un athée convaincu, qui l’a abandonnée après le meurtre (caché) d’une personne de notoriété qui le gênait. Et je sais que cette femme prie chaque nuit, seule, à genoux, de 10 heures à minuit, pour obtenir la conversion de son mari ;

– un ménage âgé qui a perdu un fils suicidé ; ils n’ont pu l’empêcher...

– plusieurs autres avaient un cancer ou le Sida...

C’était donc un convoi d’handicapés, physiquement et moralement, qui étaient là, venus se confier à Marie “Porte du Ciel”. J’étais bien heureuse de les voir partir tous, l’air détendu et joyeux. Ils avaient “rechargé leurs accus” grâce à votre dévouement. »

Deuxième extrait : les effets d’un coton

« Monsieur,

Quelle joie immense d’avoir reçu chez moi cette enveloppe envahie du parfum de Marie, accompagnée de votre lettre qui m’a profondément touchée, d’autant plus que la Sainte Vierge vous a choisi pour recevoir d’elle cette grâce particulière, qui donne tant de bonheur à ceux qui vous découvrent.

Si vous saviez les “ravages” si délicats qu’a faits votre petit bout de coton, imbibé du parfum de

Marie ! "Nos enfants" [1], *dans leur émerveillement par rapport à ce parfum du ciel, arrivent à toucher le cœur de leurs parents.*

Avant l'arrivée du parfum, une mère me disait : "Si Dieu existait, il ne permettrait pas que ma fille Aurélie soit si malade !" [13 ans et demi, malvoyante, atteinte d'une tumeur cancéreuse au cerveau en sa phase terminale.] *Mais j'ai eu la surprise de voir l'icône de Marie installée au pied du lit d'Aurélie... et la maman recommence à croire et à espérer.*

Aurélie ne pouvant plus parler a accepté avec le regard de recevoir une onction du parfum de Marie. Puissent Jésus et Marie la toucher encore, elle et ses parents.

Je voudrais aussi vous parler de Nicolas : ce grand malentendant et leucémique pleure à chaque départ de sa mère et me demande, le soir : "Remets-moi du parfum de la Sainte Vierge... comme ça, tu vois, elle sera avec moi et je n'aurai plus de peine." Et, pensant alors à la pauvreté de sa mère, il ajoute : "Est-ce que c'est cher si Maman veut en acheter ?" Il a été rassuré lorsque je lui ai dit que sa maman du Ciel le donnait gratuitement. J'ai donné votre adresse à sa mère... Je repense à une confidence de la Sainte Vierge à l'un des voyants de Medjugorje : "Si les incroyants savaient à côté de quoi ils passent, ils s'arracheraient les cheveux !"

Je voudrais encore vous donner des nouvelles de Cédric : le jour de la première onction, il est resté

1. Il s'agit d'enfants handicapés mentalement et placés dans un foyer spécialisé.

calme et ne m'a pas agressée... Il se laissait toucher les mains, alors qu'à l'ordinaire il me griffait ! A la séance suivante, non seulement il s'est laissé caresser les mains avec le parfum, mais il a relevé les jambes de son pantalon pour que je lui passe aussi du parfum, et, chose extraordinaire, il m'a souri pour la première fois !

Depuis, il est capable de pleurer lorsqu'il est angoissé, au lieu de frapper. C'est une réaction plus saine que l'agression vers... ou l'auto-agression.

La Sainte Vierge demeure la meilleure psychanalyste du monde. Et dans mon travail, il n'y aurait aucun effet si Elle-même et Son Fils ne verraient accompagner ma main dans mes actions.

Un dernier mot pour vous faire sourire : l'enveloppe que vous m'avez envoyée avec le parfum m'est parvenue à moitié tachée, ce qui a occasionné son passage sous les rayons du centre de tri. Mais personne n'a accusé Marie de "trafic de drogue". Le facteur s'est seulement excusé auprès de moi d'apporter un courrier affecté d'un "dégât" aussi important, mais étonné qu'il sente si bon. Heureux soit ce messager ! »

On peut remarquer dans cette lettre « exemplaire » :
– l'extrême délicatesse de celle qui écrit ;
– la description sobre de détresses profondes ;
– l'immense confiance dans la bonté de Marie ;
– l'émerveillement devant les effets de ces cotons ;
– la conscience de la grâce singulière donnée au détenteur d'une telle icône.

Ces cinq thèmes, exprimés avec plus ou moins de justesse de ton, reviennent constamment dans des milliers d'autres lettres. C'est typique du courrier de la rue Darquier.

Troisième extrait : prière d'un grand malade, porté jusqu'à l'oratoire, un 8 décembre

« La joie, en ce moment !
L'âme soulevée vers son but :
faire de tout une continuelle offrande d'amour...
Et quelle offrande, aujourd'hui !
Quelle poussée de l'âme vers sa divine destination !

O, Merci, chère Marie !
Merci de nous accueillir,
de nous mener à ton Fils...

Des larmes sur tes joues !
Des larmes en abondance...
Ton cœur, en larmes...
Comme il est beau d'aller à toi,
d'ouvrir grands les yeux à tes larmes,
d'aimer sans retenir les effluves du cœur.

Chère Marie, tu débordes d'amour,
Et c'est Jésus qui se verse,
Jésus qui agit, Jésus qui aime.
C'est plus fort que tout,
Je ne peux pas faire autrement que d'aimer.
L'infirmité [2]*, ce sont des montagnes d'amour en plus...*
une voie spéciale où nous sommes
avec Marie qui pleure,
avec Jésus crucifié.

2. Paralysé, vivant sur le ventre et agité d'incontrôlables mouvements nerveux… Situation vraiment bouleversante !

Il vous est tellement apporté
pour que l'amour circule
pour qu'il s'éveille et grandisse,
pour que chacune des larmes de notre vie
soit une larme d'amour...
Oh ! partager cette pluie du ciel,
ces manifestations de l'icône, ses élans,
ses adoucissements, sa suavité...

L'image parle par ce qu'elle représente :
Elle montre Jésus et Marie,
Marie montrant Jésus...
L'icône nous met en présence de la vie en Sa source.
Les portes s'entrouvrent...
Les vannes de l'amour sont libérées...
O l'inouï déferlement de tendresses...
L'amour a des vagues si puissantes
que la mort ne peut pas tout tuer !
Marie, jointe à Son Fils, nous aime au-delà de ce que nos cœurs peuvent soupçonner.

Merci, mes amis !
Continuons ensemble l'œuvre de Marie. »

L'ICÔNE ET LES COMMUNAUTÉS RELIGIEUSES

De nombreuses communautés religieuses ont demandé la faveur de recevoir l'icône de Toulouse dans leurs murs et de pouvoir la vénérer, même, parfois, pendant un temps assez bref (compte tenu des disponibilités du propriétaire de l'icône) ou pendant un temps plus long, avec vénération collective, écoute du témoignage de celui qui apportait son icône, puis défilé individuel au gré de chacun ou de chacune...

On a vu l'icône veillée des nuits entières par des religieux ou des religieuses se relayant pour assurer la permanence de la vénération.

Tout ceci, dans un grand climat de liberté, comme l'a si bien exprimé l'abbé Laurentin, décrivant la manière dont s'était effectuée la venue de l'icône dans la communauté des Sœurs de Notre-Dame de Sion dont il est l'aumônier :

« *Nul n'est forcé de "croire" à l'icône de Toulouse. Tout fut bien mis au clair... La messe où toutes assistaient restait le centre de la journée, et il parut superflu d'y avoir l'icône. Elle fut installée dans un lieu privé, où vinrent celles qui étaient accordées à cette grâce, non sans d'excellents fruits. Presque toutes y vinrent et y récitèrent le chapelet en commun. Mais nul ne trouva mauvais que deux ou trois n'y aillent pas, selon la sobriété de leur grâce propre. Et celles qui n'y allèrent pas, ne se scandalisèrent pas de la joie des autres... Telle est la liberté des enfants de Dieu. Puisse l'itinéraire de l'icône de Toulouse prêcher cette liberté fraternelle...* »

Et c'est ainsi que se sont déroulées les visites, partout. L'icône a été introduite dans les clôtures, quand il y en avait, ou dans un parloir, ou installée dans une chapelle d'infirmerie, ou encore, présentée successivement à l'entrée de la cellule de religieuses malades... Partout, une grande joie, une profonde émotion, une indiscutable ferveur...

Si l'icône, ici ou là, a ses détracteurs, il y a aussi tous ces êtres « consacrés », qui ont l'expérience de Dieu et de son action discrète, et qui ont considéré comme une grâce de pouvoir vénérer cette icône. Ceci est inestimable !

• ***Couvents et monastères de religieuses :***

– Augustines ;
– Bénédictines ;
– Clarisses ;
– Dominicaines ;
– Hospitalières de Saint-Joseph ;
– Sœurs de Marie, Mère du Rédempteur ;
– Sœurs de N.-D. de Sion ;
– Sœurs de la Sagesse ;
– Visitandines ;

• ***Couvents et monastères de religieux***

– Bénédictins ;
– Rogationnistes ;
– Pères de Saint-Vincent de Paul ;
– Communauté de Saint-Jean ;

• ***Ermites***

• ***Foyers de charité***

• ***Communautés mixte des « Béatitudes »*** (ex Lion de Juda)

Une telle liste est éloquente ! Aucun commentaire n'y ajouterait grand-chose, sauf celui des lettres envoyées par les supérieurs ou supérieures des communautés en question, après chaque visite, disant leur gratitude pour les heures de ferveur suscitées grâce à cette icône, et avec des mots d'une authenticité indiscutable.

L'ICÔNE ET LE CLERGÉ

Il faut le reconnaître : ni à l'oratoire, ni au cours des voyages en province, le clergé ne s'est précipité ! On ne peut pas dire qu'il a été absent ; mais, globalement, il s'est montré réservé, parfois même réticent...

Quatre raisons expliquent sans doute ce comportement général :

• ***La première***, c'est une attitude d'obéissance à la hiérarchie et à ses directives. Puisque l'archevêque précise que son attitude sera d'abord de « *réserve prudente* », le clergé a adopté le même comportement. Mais, pour certains, il y a eu plus : ils se sont trouvés justifiés à refuser d'observer le phénomène pour s'en faire une idée personnelle.

Et quand l'archevêque, dans son décret de mai 1991, a précisé :
– pas de vénération « *publique* » dans les églises et chapelles du diocèse,
– mais vénération « *privée* » possible, pourvu qu'elle garde un caractère « *intime* »,
son clergé n'organisa aucune vénération « *publique* ».

C'était bien normal. Il se devait d'obéir. Mais très peu réagirent à la perspective d'une possible vénération « privée ». Il leur était bien dit que c'était autorisé. Mais ils n'eurent pas l'idée de venir voir... Or, cela allait au-delà du permis et du défendu.

• ***La deuxième***, et qui explique probablement pourquoi la première fut appliquée avec tant de zèle, c'est cette conviction que la révélation est close, et que donc Dieu n'a plus rien à nous dire. D'où cette méfiance envers tout signe d'aujourd'hui qui aurait la prétention de vouloir commenter, reformuler autrement un message définitivement communiqué.

En un sens, ils ont raison de dire qu'en Jésus, Son Verbe incarné, le Père nous a tout dit.

Pour autant, on ne peut pas empêcher Dieu de s'adresser aujourd'hui au monde d'aujourd'hui, puisque ce dernier n'entend plus ce qui lui a été donné il y a vingt siècles, et qu'il faut donc réveiller son attention, provoquer, de nouveau, son intérêt, toucher son cœur...

D'ailleurs, ce que la Vierge enseignerait, ce ne pourrait être que son invitation à obéir à son Fils, en redisant le « *Faites ce qu'il vous dira* » de Cana.

Marie n'a jamais détourné de Son Fils... Son plus grand désir est que chacun se tourne vers Lui, source de toute sainteté, y compris de la sienne.

Ceci étant, il est sûr que plus d'un membre du clergé réagit face à un phénomène comme celui de « l'icône de Toulouse » en pensant : « On n'a pas besoin de cela ! »

• ***La troisième***, c'est une espèce de gêne, donc de recul, devant tout ce qui n'est pas facilement explicable ; devant les formes inattendues que prend parfois l'action du Ciel. Le traditionnel, le classique...

sont rassurants. L'inédit, le merveilleux... sont dérangeants ! Aussi, pour ce genre d'esprits, les révélations privées, les stigmates, les apparitions mettent mal à l'aise.

A fortiori, quand il ne s'agit plus de « mots », mais de « signes », dont il faut trouver la signification. Dans ces conditions, n'est-il pas préférable, plus sage, de ne pas trop se laisser attirer par des effusions d'huile ou des effluves de parfum ? Et pourtant !... le problème reste entier, car si ces signes n'ont pas d'explication humaine, ne seraient-ils pas, alors, peut-être, des signes... de Dieu ?

• ***La quatrième***, plus subtile, inavouée souvent, mais présente dans le cœur douloureux de certains prêtres, c'est une sorte de dépit à constater qu'une simple icône peut mettre en branle tout un peuple de « petits », alors que tant d'églises sont difficiles à remplir, malgré de considérables efforts apostoliques...

Cette attitude « en retrait » de beaucoup, n'a pas empêché l'attitude « ouverte » de quelques-uns, apportant à Paul le réconfort de leur conviction : cette icône, dont il est le détenteur, est un signe du Ciel, vraisemblablement.

Que le Saint-Père lui-même, surtout, ait tenu à prendre « l'icône de Toulouse » (selon sa propre expression) dans ses mains, longuement ; qu'il ait lui-même marqué son front de cette huile dont il avait humecté son pouce ; qu'il ait déclaré à son légitime propriétaire qu'il pouvait « *considérer comme une grâce de la posséder* »... cela atténue la peine éprouvée en raison de tant de réticences ecclésiastiques !

Qu'un vieux cardinal italien, presque aveugle, ait demandé la faveur de recevoir l'application de cette huile embaumée sur ses yeux malades.

Que le Cardinal Garronne, résidant à Rome, ait tenu à faire porter « l'icône de Toulouse » dans sa chapelle privée et y ait convoqué ses collaborateurs pour qu'ils puissent s'associer à son recueillement...

Que le Père Tardif, par le canal de qui passent tant de grâces de guérison...

Que le Père Daniel-Ange, le rayonnant prédicateur de tant de célébrations du Renouveau charismatique...

Et tant d'autres avec eux..

Que tous ces responsables ecclésiastiques, donc, aient par leur comportement ou leurs mots exprimé leur conviction que cette icône était porteuse d'un « *signe de particulière présence divine* » (cf. Père Tardif)...

... et voilà Paul confirmé dans sa propre certitude, conforté dans sa résolution de faire profiter tous ceux qui le désireront de la grâce singulière que le Ciel lui a donnée, même quand il ne cesse de répéter : « *Mais pourquoi à moi ? Pourquoi à moi ?* »

Et au-delà de ces hauts responsables, il faut encore prendre en compte le défilé dans l'oratoire où est installée cette icône de ces prêtres libanais, de ces prêtres noirs, de ces prêtres guadeloupéens, de ces prêtres des pays de l'Est, de ces religieux de différents monastères... venant demander la faveur de pouvoir y célébrer la messe.

Et comment oublier ce prêtre, exorciste d'un diocèse voisin et confiant à Paul, après avoir respiré un coton imbibé d'huile : « *Le Diable déteste cette odeur. Il trouve qu'elle sent abominablement mauvais.* » C'est impressionnant... et rassurant, au fond !

Il y a un nom de prêtre, ici, qu'il convient de mentionner : celui de l'abbé René Laurentin. Il est venu, rue Darquier, aussi vite que le lui permettaient ses activités multiples, son agenda chargé de rendez-vous, ses déplacements incessants.

Il s'est entretenu longuement avec Paul, et à maintes reprises... afin de suivre de près ce dossier. Il a regardé l'icône à son propre domicile : dans son oratoire (si l'on peut dire) ; dans une famille ; dans une communauté. Il a questionné plusieurs familiers du détenteur de l'icône ; il a interviewé des personnes qui disaient avoir été guéries ; il s'est entretenu avec de nombreux spécialistes.

Cette recherche d'informations, cette attention aux faits, lui donnaient le droit d'écrire avec autorité sur le sujet. Il l'a fait, en plusieurs publications (journaux, livres...), mais surtout à travers des articles parus dans *Chrétiens Magazine*, entre décembre 1990 et mars 1993.

La coexistence en lui
– de lucidité et d'humour ;
– de déférence sincère vis-à-vis de la hiérarchie et de liberté de langage avec les évêques ;
– de connaissance des cas où le Ciel semble faire signe et de méfiance vis-à-vis de toute forme d'illuminisme,
explique qu'il ait pu rédiger ses reportages sur « l'icône » avec une mesure dans la description des phénomènes, avec une finesse dans la recherche de leur signification, dans des termes qui ont frappé, éclairé, beaucoup de lecteurs.

Ne pouvant, dans le cadre de ce court ouvrage, citer l'ensemble de ses remarques, nous avons cru bon de citer ici un extrait de son premier article sur

le sujet, datant de décembre 1990. Plus de 9 mois se sont passés. On a « *donné le temps au temps* » :
– finis les défilés interminables ;
– fini aussi le temps de la « mise à l'écart » ;
– reçue comme une grâce la conversion et la mort du frère ;
– bien entamé le cycle des « voyages » en France ;
– lues avec attention les premières déclarations de l'archevêque ;
– regardées attentivement les photos officielles à Rome, montrant le Pape avec l'icône dans ses bras...

Tout ceci, intégré dans la vision très renseignée de Laurentin, lui a permis d'écrire :

« *Il faut éviter que cette icône suscite le "scandale des forts", comme l'appelle Mauriac, de ceux que choque la piété populaire. Nul n'est forcé de croire à "l'icône de Toulouse". Telle est la liberté des enfants de Dieu. Puisse l'itinéraire de "l'icône de Toulouse" prêcher cette liberté fraternelle !*

La discrétion qui est à la fois la leçon des événements et l'invitation du Pape maintiendra prière et grâce dans la paix, en-deçà de toute discussion et contestation...

Reconnaissons qu'un tel phénomène est déconcertant pour la raison. Dieu familier, Marie maternelle, ils font signe non pas dans le sophistiqué, mais de manière simple... Qui a le cœur ouvert apprécie ce viatique sur la route de notre monde désertifié où Dieu semble "interdit de séjour"...

Certes, ces petits signes ne sont point essentiels. Nul n'est obligé d'y recourir. Ils s'offrent simplement, joyeusement, gratuitement, à la manière des petits gestes, sourires, baisers, qu'une maman sait multiplier pour égayer et stimuler son enfant...

Et l'homme moderne accourt. Il comprend le langage des larmes, de l'huile, du parfum...

Il discerne une présence...

La tristesse de Dieu et de la Vierge devant le péché, devant le malheur (du monde) le touche...

Tout se passe comme si Notre-Dame venait contester, une fois de plus, la sagesse des sages, qui ne savent plus aborder le religieux qu'avec un langage rationnel et mathématique... Que nul ne se sente agressé par ce signe !

On est en droit de se dire : l'Eucharistie et les autres sacrements me suffisent. Ils sont plus essentiels... Mais ce stimulant sensible réveille et réjouit, comme le vin, dont l'absence surprendrait à un repas de fête. Jésus l'avait compris à Cana !

Que chacun soit donc libre à l'égard de ce signe. ***Mais celui qui peut le comprendre, qu'il comprenne...*** »

J'ai connu un prêtre qui, après avoir lu cet extrait, disait :

« *J'aurais voulu avoir écrit de pareilles lignes. Elles correspondent absolument à ce que je pense. Il faudrait les envoyer à tous ceux qui doutent, et plus encore à tous ceux qui critiquent, démolissent, salissent.* »

Peut-être n'y a-t-il rien à ajouter à une telle remarque !

DE L'HUILE ET DES PARFUMS

Ce liquide huileux qui, depuis le 11 février 1990, s'écoule de l'icône, émerveille ou intrigue ceux qui le regardent. Peut-on donner déjà quelques réponses aux questions qu'il pose ?

1. L'origine des effusions

Les premières gouttes, au dire des témoins qui les ont vues apparaître, jaillissaient – très précisément de la main droite de la Vierge. Mais, depuis cette toute première manifestation, on a réalisé que ce liquide pouvait sortir aussi des yeux, du visage, souvent des trois étoiles et, surtout, de celle du front. Et il est prématuré, dans l'état actuel des observations, de dire quelle signification précise auraient les zones d'où sort ce liquide.

Ce que l'on peut dire, de toute façon, se rapproche de l'exclamation de Galilée s'adressant à ses détracteurs : « *Et pourtant, elle tourne !* » (la terre), et se résume en cette certitude : « *Et pourtant, l'huile coule !* » (de l'icône).

2. *Le rythme des effusions*

Celles-ci n'ont pas cessé – chez Paul, ou en sa compagnie – de façon globale. Mais il s'est agi, parfois, de véritables ruissellements ; d'autres fois, de minces filets ; en de rares circonstances, il y eut même interruption du phénomène pendant un temps court.

Il ne s'agit donc pas d'une « *source* », au débit permanent, mais du résultat d'une « *action* », dont l'origine nous échappe.

On ne provoque pas un tel phénomène. On ne peut que le constater et le recevoir en action de grâce.

Lorsque l'icône a été prise par certaines personnes, le phénomène des effusions s'est parfois arrêté, à leur grande déception ou à leur grande tristesse. Mais la même icône, devenue « *sèche* », éloignée de son détenteur, redevenait « *humide* » dès qu'elle retrouvait son cadre habituel... Pourquoi un tel « privilège » ? Personne ne peut encore rien en dire... mais c'est un fait, maintes fois constaté.

3. *L'extension des effusions*

C'est aussi un autre fait, bien étrange, que cette provocation d'autres effusions sur d'autres icônes, lorsque celle-ci se trouve en présence d'elles. Pourquoi sur certaines ? Pourquoi pas sur toutes ? L'archevêque de Bordeaux en a reçu témoignage. En Bretagne, le phénomène fut maintes fois constaté. En Vendée aussi, où, par exemple, un couple de grande piété mariale vit, un premier janvier, « s'animer » chez eux l'icône qu'ils s'étaient offerte pour leurs noces d'argent... Quelle émotion, on le devine, chez ceux qui constatent un tel phénomène et remportent chez eux leur icône toute ruisselante... Quelle émotion, aussi, chez ce prêtre qui, après avoir célébré la messe dans l'oratoire, reçut sa petite icône – placée par Paul à côté de la grande – avec le visage entier de la Vierge recouvert, aussi, de cette huile au parfum si fort et si doux !

4. La quantité des effusions

Elle peut être, approximativement, estimée à partir du nombre de cotons imbibés qui ont été expédiés depuis le secrétariat. Plus de 50 000...

On peut donc avancer que cela a représenté l'effusion de plus de 50 litres ! Un tel chiffre devrait suffire pour confondre les détracteurs qui insinuent que le bois de l'icône a été traité (par un traitement d'ailleurs inconnu) pour diffuser progressivement le liquide injecté dans ses fibres ! Qui pourrait gorger un morceau de bois d'une telle quantité de liquide odorant et discipliner la diffusion de celui-ci, au long des années pendant lesquelles le phénomène dure ? Il s'agit, en fait, d'une véritable et stupéfiante création de matière, grâce à une action mystérieuse et continue exercée sur elle... On n'ose pas, ici, dire miracle, alors on dit prodige, proprement stupéfiant ! Il est opportun de signaler que de nombreux flacons dans lesquels se trouvait un peu de coton imbibé d'huile, se sont mystérieusement remplis ultérieurement au domicile de personnes qui en possédaient. Ce phénomène se reproduit encore actuellement et nombreux sont ceux qui en témoignent.

5. *Signification de ces effusions*

• *Larmes ou pas larmes ?*

On tremble à écrire sur une hypothèse de cet ordre... C'est vrai que certains ont vu des filets couler très précisément des yeux seuls et même, parfois, de la zone extérieure des paupières supérieures, là où se trouvent les glandes lacrymales... Le plus souvent, cependant, ce qui s'écoule de cette icône vient de points plus diversifiés : étoiles sur le manteau, front ou visage, ou main droite de Marie, aussi...

On a quelquefois dit : « *Rue Darquier, la Vierge pleure* »... Et c'est vrai que le regard est profondément grave, triste peut-être. Et l'on se prend à dire : comment ne le serait-il pas, quand on prend conscience de l'état dans lequel se trouve le monde : pays déchirés par les conflits, enfants mourant de faim, personnes déplacées et enfermées dans des camps, victimes de la drogue et du SIDA, familles où l'on se déchire, avortements, jeunes sans travail... Il faudrait être inconscient pour ne pas pleurer sur ce monde tel qu'il est. Alors, quand il s'agit du regard si lucide, si pénétrant, si plein de compassion de Marie !

Mais, à strictement parler, on ne doit pas privilégier de telles expressions... Elles peuvent inciter à la prière, au repentir, au désir de participer à la guérison d'un monde si mal en point... On ne peut pas affirmer que l'icône « *pleure* »...

• *Comme de l'huile...*

Si l'icône, en rigueur de termes, ne pleure pas... elle « *suinte* » un liquide qui ruisselle sur sa surface. Liquide gras, vraiment très particulier :

– il ne tache pas, comme le ferait de l'huile ;
– il n'abîme pas le papier collé sur bois d'où il s'écoule depuis des années.

Donc, pas exactement une huile... peut-être ce que les spécialistes appellent une « huile essentielle »...

Et parce que ce liquide a l'apparence de l'huile, on en a tiré une signification spirituelle pour l'icône. Marie répand sur le monde des grâces innombrables dont les effets peuvent être décrits en utilisant la symbolique de l'huile :

• telle qu'elle apparaît dans de nombreuses pages de la Bible :
– huile d'allégresse, huile pour honorer les visiteurs (Luc 7,46) ;
– huile pour l'onction des prêtres et des rois ;
– huile utilisée pour les sacrements ;
– huile répandue par le Samaritain sur les blessures de l'homme tombé aux mains des voleurs (Luc 10, 30-34) ;
– huile nécessaire pour garder sa lampe allumée, en attendant la venue de l'Époux (Matthieu 25,8) ;

• telle qu'elle est comprise par un saint Bernard, quand il dit :
– *L'huile éclaire, l'huile nourrit, l'huile est un baume.*
– *L'huile est lumière, l'huile est aliment, l'huile est remède.*
– *Elle entretient le feu ; elle fortifie la chair ; elle apaise la douleur.*

Ainsi du « Nom de l'Époux » :
– *Il éclaire, quand on l'annonce.*
– *Il nourrit, quand on le médite.*
– *Il apaise, quand on l'invoque.*

6. Une icône accompagnée de parfum

L'icône de Toulouse diffuse un parfum qui impressionne et séduit beaucoup de ceux qui l'ont « respiré ».

Ce n'est pas la seule, à vrai dire. C'est aussi par la présence d'un parfum qui embaumait sa chambre que José Muñoz, en novembre 1982, fut réveillé. Mais ce « signe » est donné avec beaucoup de « variantes ».

A Montréal, il y a donc eu constatation du parfum avant celle des effusions.

A Toulouse, il y a eu constatation des effusions avant celle du parfum...

A Notre-Dame du Laus, il y a émanation de parfum, sans liaison avec une icône ou une image. Ce sont des bouffées intermittentes de parfum, au point que pour permettre aux pèlerins de les respirer, on y interdit l'offrande de fleurs...

Ce qu'on peut préciser, pour l'icône de Toulouse, tient en trois points :

1. L'icône a parfois des effusions... sans parfum ;
2. L'icône a aussi des moments d'effusions ET de parfum ;
3. Il y a parfois émission de parfum, sans qu'il y ait d'effusion...

*

Un « accompagnateur » de l'icône, la ramenant à l'oratoire par un train de nuit, entendit – le matin alors qu'il allait quitter son wagon, une voisine de compartiment lui dire : « *Pardonnez-moi, Monsieur, une question qui pourra vous paraître déplacée...*

Quel est le parfum que vous utilisez ? Toute la nuit, il m'a empêchée de dormir... Il était à la fois si prenant et si discret ! » Elle n'obtint pas de réponse. C'était impossible d'expliquer en une minute, à la porte d'un wagon, que le fameux parfum n'était pas le sien, mais celui de l'icône, pourtant enveloppée dans du papier d'aluminium, et déposée au fond de sa valise !

Un couple ayant reçu un après-midi l'icône dans son appartement, et cherchant à maintenir lors de cette présence un climat de prière, le seul qui pouvait convenir, décida de projeter aux quelques personnes présentes le beau film de Zeffirelli sur *Jésus de Nazareth*. Or, au moment précis de la naissance de l'enfant Jésus, dans le film, la pièce de séjour fut envahie par un parfum si intense, si indiscutable, que la réaction de tous fut l'agenouillement instantané, la suspension de la projection et la récitation d'un « Magnificat » !

Un nombre considérable de « témoins » l'atteste : ce parfum est agréable, prenant. Il n'y a que le diable pour le trouver « exécrable » (cf. p. 136).

Il marque de son empreinte, parfois, le courrier expédié avec du coton imbibé, au point que des postiers ont demandé ce qu'il y avait dans ces enveloppes qui sentaient si bon...

Plusieurs spécialistes incontestables en parfum, ces fameux « nez » qui inventent de nouvelles fragrances et savent analyser les composantes des parfums qu'on leur fait respirer, sont venus jusqu'à l'oratoire, de France, et même de l'étranger... ou ont reçu des échantillons pour les analyser...

Ils n'ont jamais réussi à définir les « notes » de ce parfum ! Ils ont détecté la présence de senteurs de rose, de jasmin, aussi de quelques senteurs d'Orient, notamment du Liban...

L'icône fut amenée, un jour de 1990, en Espagne, près de Madrid, à l'Escorial, là où vit une mère de famille – Amparo Cuevas – à qui la Vierge Marie apparaît depuis 1980. Un familier de Paul, parlant couramment l'espagnol, la montra à une vieille femme, amie de toujours d'Amparo, et lui proposa de respirer sa « *bonne odeur* ». Il s'attendait à ce qu'elle fût étonnée... puis admirative... Et ce fut lui l'étonné, quand il entendit cet aveu inouï : « *Mais je le connais bien, ce parfum ! C'est celui que l'on respire lorsque la Vierge nous fait la grâce d'apparaître ici !* »

Marie ferait donc signe, par ce parfum, par « son » parfum. La Mère de Dieu, en qui se résument tous les jardins du ciel et de la terre, nous offrirait déjà l'enchantement de son parfum, afin d'encourager ses enfants dans leur pèlerinage sur terre, et leur donner un avant-goût de ce bonheur sans nom qui les attend au-delà de la « porte-dont-elle-est-la-gardienne », grâce au sang de son Fils et à sa compassion...

UNE PHOTO QUI POSE PROBLÈME

« L'icône de Toulouse » a été photographiée des milliers de fois, par des amateurs désireux d'en emporter le souvenir, alors qu'ils venaient la visiter dans son oratoire ou qu'elle était venue, au long de ses « itinérances », les visiter chez eux ou à proximité de leur maison. Sur ces photos, des traces d'effusions d'huile, plus ou moins abondantes, puisque le phénomène ne se produit pas de manière régulière...

L'utilisation fréquente du flash par ces amateurs provoquait souvent un effet de « brillance », derrière lequel l'icône apparaissait de manière confuse et comme voilée.

Mais cette icône n'a été photographiée qu'une fois par un vrai professionnel, à la demande de son propriétaire, dans les jours qui ont suivi les premières effusions.

Il a opéré, lui, sans flash, et avec un pied, prenant un total de 8 photos en un petit quart d'heure.

Au tirage, la première photo a semblé la meilleure, révélant avec une fidélité rarement vue l'abondance des effusions qui inondaient alors l'icône dans sa partie inférieure.

C'est, indiscutablement, un très bon document, de sorte que s'il y a eu des milliers de photos à un exemplaire, il y a une photo reproduite à des milliers d'exemplaires, car beaucoup l'ont considérée comme « LA » photo de l'icône, celle qui témoigne, mieux que toutes les autres, du « prodige qui explique son rayonnement ».

C'est cette photo qui était insérée dans le dossier remis à Jean-Paul II, dès août 1990.

C'est cette photo qui est exposée à Iviron à côté de la vénérable icône originale.

*

Au long des mois, il est apparu que cette photo avait fixé l'icône dans un moment vraiment unique et tel qu'il ne s'est jamais reproduit depuis.

Car le visage qui apparaît au tirage est tout autre que celui – bien connu – de l'icône de Montréal. Il s'en dégage une impression extraordinaire de vie... On pense au visage d'un être vraiment présent, de manière exceptionnelle, au moment précis de la prise de vue.

Le photographe ne s'en est pas rendu compte sur l'instant. C'est en comparant des tirages de « sa » photo – au moment où il s'occupait de les expédier à une reproduction classique de l'icône de Montréal que, de ce rapprochement fortuit jamais encore recherché, il eut comme une révélation, vraiment propre à le bouleverser...

Car, sur la reproduction « archiclassique », on peut observer que :

– la peau du visage de Marie y est lisse, sans relief ;

– la joue porte la trace d'une blessure ;
– les yeux sont plats, sans volume ;
– le regard est tourné légèrement vers le haut ;
– un liseré blanc – à la base des deux yeux – leur donne une forme très ovale, « en amande » ;
– la paupière supérieure est légèrement baissée, recouvrant le haut des yeux.

Or, sans retouche aucune, sans une quelconque manipulation, sur « sa » photo de l'icône de Toulouse on remarque que :
– le « grain de la peau » est semblable à celui d'un vrai visage ;
– la cicatrice de la joue a disparu ;
– les yeux sont devenus ronds, avec le volume de vrais yeux ;
– le liseré blanc sous les yeux a disparu, ce qui leur confère une impression plus vivante ;
– le regard semble dirigé vers celui qui le scrute ;
– la paupière supérieure est remontée, dévoilant l'œil dans sa totalité ; et enfin, et peut-être surtout
– l'iris des yeux est marqué, au centre, par ce point blanc bien connu des peintres qui font des portraits lorsqu'ils veulent rendre la vie des yeux... point blanc qui imite le reflet de la lumière renvoyée par la lentille de l'œil.

A ces constatations si impressionnantes s'ajouta l'apparition du chiffre 91, très lisible, sur le voile rouge qui recouvre la tête de Marie-Reine.

Ce 91, jamais retrouvé sur aucune autre photo, comme l'interpréter ? Certains y ont vu l'annonce de cet impensable écroulement de la toute-puissante U.R.S.S., amorcé par la fin du putsch de trois jours, le 22 août 1991, en la fête de Marie-Reine ; et consommé par l'acte de décès de l'U.R.S.S., le 8 décembre 1991, en la fête de l'Immaculée Conception. Ces deux dates ne doivent pas être de simples coïncidences.

Enfin, il faut noter qu'une larme de sang s'est échappée de l'œil droit de l'enfant Jésus dans les premiers jours de l'exsudation ; en l'essuyant à l'aide d'un peu de coton, on fit disparaître la larme sans pour autant retrouver de coloration sur le morceau d'ouate qui avait servi.

DÉSORMAIS, A CÔTÉ DE L'ICÔNE... UNE IMAGE DU CHRIST

Depuis le 6 décembre 1991, jour de la Saint-Nicolas, s'est produit un événement nouveau : à son tour, une image du Christ connaît des effusions !

C'est un cas unique, en tout cas extrêmement rare dans le monde... Un ensemble icône/image est affecté du même phénomène d'exsudation, une sorte de diptyque dont chaque élément est devenu indissociable de l'autre :

– une icône « *orientale* », dont les effusions devraient ouvrir le cœur des chrétiens du monde « *occidental* », inconscient de la gravité de son mal spirituel et invité à revenir vers ce couple inséparable de la mère et de l'enfant, leur offrant le salut par la proposition du message de l'Évangile ;

– une image « *d'Occident* », dont l'animation a débuté le jour même de la fête du saint protecteur de la Russie, et très populaire dans « *toutes les Églises d'Orient* », où un nombre incalculable de paroisses lui sont dédiées.

*

Les circonstances qui ont rendu possible ce phénomène sont déjà, en elles-mêmes, stupéfiantes.

Le 19 mars 1983, il pleuvait sur Marseille, d'une de ces pluies à ne pas avoir envie de mettre le nez dehors.

Pourtant, ce même jour, une dame israélite (mais chrétienne au fond d'elle-même, bien qu'ayant tenu à ne pas demander le baptême et ne pouvant donc communier aux messes auxquelles elle assiste fréquemment, ayant alors « le cœur tout en feu », dit-elle, habituée à avoir des « locutions intérieures », reçut comme une voix de saint Joseph (19 mars : c'était le jour de sa fête), lui intimant l'ordre de sortir de chez elle...

Et c'est dehors, au carrefour des rues du Coq et des Héros, marqué par une maison portant dans une niche une statue de la Vierge, que son regard fut attiré par une feuille de papier blanchâtre étendue dans une flaque d'eau, au milieu de la chaussée.

Pourquoi eut-elle l'idée de se abaisser et de la ramasser, alors que piétons pressés et voitures passaient sur elle ? A sa grande surprise, elle la constata intacte, malgré la pluie et tout ce trafic.

Le recto de cette feuille blanche (d'un format de 14,5 x 20,5 cm) portait des traces de semelles et de pneus.

Le verso, sans aucune égratignure, était occupé sur toute la surface par un dessin à la sanguine, représentant une tête de Christ en croix, vu de profil, avec une couronne d'épines blessant profondément son front et provoquant une importante coulée de sang qui passait sur l'œil droit et s'étalait sur la joue, jusqu'au niveau de la bouche.

En bas de ce dessin, une signature bien visible : Étiennette Gilles.

Voulant avoir la réaction d'un homme sage sur la signification d'une telle découverte survenue dans une circonstance si inattendue, cette dame expédia son dessin à un Père capucin de Toulouse, dont elle avait fait la connaissance au cours d'un pèlerinage au sanctuaire du Padre Pio et considéré, depuis, comme un père spirituel, capable de la guider.

Le Père capucin confia le document à un photographe ami, de Toulouse, qui en effectua deux reproductions :

– L'une fut remise au Père capucin, qui le fit encadrer et l'installa dans son bureau ;

– l'autre fut conservée par le photographe, qui n'en fit pas grand cas alors, puisqu'il la rangea si bien chez lui qu'il finit par en oublier l'existence, au long des années.

L'original fut réexpédié à Marseille à cette dame qui l'avait découvert. Elle aussi le conserva dans un tiroir, sans y penser davantage.

Or, dans le même temps, en novembre 1991 (donc plus de 8 ans après), et cette dame et ce photographe, qui ne se connaissaient absolument pas, retrouvèrent leur image du Christ, un peu par hasard... Mais, est-ce un hasard, peut-on penser ?

Le photographe eut l'idée d'en faire deux reproductions 18 x 24 cm, collées sur bois (en fait : une plaque d'aggloméré) :

– une pour le Père capucin, pensant lui faire plaisir ;

– une pour Paul, cet ami dont il avait photographié l'icône, en février 1990.

A sa grande surprise, le Père capucin lui rappela qu'il avait déjà reçu de lui un exemplaire au cours de l'année 1983 ! Le photographe avoua qu'il l'avait complètement oublié...

Paul, quant à lui, reçut avec beaucoup d'intérêt l'image d'un visage aussi impressionnant de Jésus crucifié, et la rapporta chez lui le 5 décembre 1991.

Et voici qu'au matin du 6 décembre, un vendredi, revenant à son lieu de travail, la personne qui aide Paul découvrit que l'image, à son tour, était couverte de liquide, un liquide qui, très précisément, sortait des deux yeux et ruisselait sur toute la base du visage. Il l'offrit à cette personne, qui sans attendre, avec beaucoup d'émotion, alla le déposer à côté de la *Portaïtissa*. Le soir même, tandis que Paul lui rappelait de ne pas oublier d'emporter cette image du Christ, elle lui dit : « Paul tu sais, après avoir réfléchi ; *je ne peux pas l'enlever de sa mère.* »

Il est à remarquer que le 4 décembre (jour de la découverte du cliché par le photographe), correspond à la fête de saint Jean de Damas, le grand défenseur des icônes dans l'histoire de l'Église. C'est seulement le lendemain, 5 décembre que l'image a été offerte à Paul ; et c'est le 6 décembre, premier vendredi du mois, fête de saint Nicolas, patron de la Russie, que l'image s'est mise à exsuder à partir des yeux du Christ.

On appela aussi le photographe. Et celui-ci prit des clichés tout à fait saisissants, qui fixaient le phénomène de manière objective et indubitable... Il remarqua que l'image avait d'abondantes effusions sur le devant mais aussi sur l'arrière de la surface.

Depuis ce jour, une place a été donnée – dans le meuble où est exposée l'icône – à cette image du Christ.

A partir de la Semaine Sainte de 1992, les effusions venant des yeux de ce Christ ont pris des nuances rouges. On n'ose parler de « larmes de sang » !

Car, strictement, ce ne sont peut-être pas des « larmes », bien que prenant leur origine, vraiment, des yeux eux-mêmes ; et ce n'est probablement pas du « sang », bien que la couleur semble s'en rapprocher...

On est en face d'un nouveau phénomène, apparu dans l'oratoire, phénomène d'autant plus impressionnant que là aussi toute idée de supercherie doit être absolument écartée.

Monseigneur l'archevêque, prévenu sans retard, comme pour l'icône, a`demandé que cette image du Christ lui soit confiée. Il a tenu à la garder à l'archevêché du 27 février au 20 mars.

Dans une lettre, il confirme « *avoir constaté et fait constater la présence d'une sécrétion huileuse, semblant avoir sa source dans l'œil droit du Christ et répandue sur un tiers de la surface de cette image* ».

Comme pour l'icône de la Vierge, les effusions qui avaient cessé à l'archevêché, du 5 au 20 mars, après qu'on eut essuyé la surface de l'image avec un morceau de coton, recommencèrent quand l'image eut réintégré l'oratoire. Pourquoi cela ? Allez donc le demander à ce Dieu invisible qui semble, ici, donner un nouveau signe pour rendre sensible sa proximité.

Dans un article de *Chrétiens Magazine*, l'abbé Laurentin livre son idée sur un tel phénomène :

« *Décidément, Dieu continue à donner bien du fil à retordre à la sagesse des sages ! Qu'on se le dise... tout bas, et de manière rigoureusement privée, toute obéissante à l'Eglise, soucieuse de préserver la discrétion de Dieu.* »

Sa conclusion est une interrogation :

« *Pourquoi donc le Christ pleure-t-il en effigie, sur ce monde de péché qui se détruit ?* »

C'est bien le grand problème : celui de la signification d'une telle « animation » de ce dessin, au-delà de sa découverte dans des conditions déjà assez incroyables...

Ici deux réflexions s'imposent :

• La première, d'ordre théologique, pousse à affirmer que Jésus, depuis son Ascension, est passé dans ce monde de gloire où il ne connaît plus « ni pleurs ni larmes » (Apocalypse 21,4). Celui qui a vaincu la mort définitivement est remonté vers son Père, soustrait pour toujours à la souffrance qui fit de sa vie terrestre une « passion ». Il connaît une plénitude de Joie que personne ne peut plus lui ravir (Jean 17,12).

• La deuxième, d'ordre spirituel, s'inspire de la phrase bien connue de Pascal dans ses *Pensées* : « *Jésus est en agonie jusqu'à la fin du monde.* »

C'était déjà l'intuition de saint François d'Assise lorsque, traversant les rues de sa ville, à son avis si dramatiquement indifférente, il s'écriait : « *L'amour n'est pas aimé !* »

Oui, un Dieu qui aime infiniment attend des hommes une réponse ardente à cet amour si fort... mais une réponse vraiment libre, car un tel amour ne saurait s'imposer. Et, dans cette mesure, on peut parler d'une véritable « *souffrance actuelle du Christ* », souffrance à en pleurer, celle d'un cœur qui s'offre au monde et ne rencontre – en retour – qu'indifférence et insensibilité à cet appel qui lui est pourtant adressé par son Dieu !

C'est ce qu'a ressenti une assistante lorsqu'elle a rédigé, à l'issue d'une messe, devant l'effigie du Christ, cette méditation qui fut – peut-être – une véritable confidence, réponse à la question : « Jésus, pourquoi pleures-tu ? »

Je pleure d'impuissance

Je ne peux sauver le monde
parce que vous ne me le demandez pas.
Je ne cesse de vous envoyer ma Mère,
revêtue de l'onction de ma Miséricorde.
Vous vous émerveillez,
Mais vous n'écoutez pas mon message.
Vous ne vous convertissez pas à ma Miséricorde.
Votre prière est molle ; votre foi est engluée.
Tournez-vous vers ma face,
et criez vers moi du fond du cœur,
du fond des entrailles et non des lèvres...
Alors, je pourrai enfin manifester ma Puissance
pour sauver le monde.

*

Est-on arrivé, depuis décembre 1991, à en savoir un peu plus sur cette Étiennette Gilles, l'auteur présumé de ce visage ?

C'est, étrangement, par un membre de sa propre famille qu'en avril 1992 Paul reçut d'intéressantes informations sur elle.

C'était l'aînée d'une famille de 14 enfants... mais née boiteuse, hélas ! Grâce à ses parents, assez aisés, elle put suivre à Paris des cours à l'école des Beaux-Arts. Rentrée à Marseille, où vivait sa famille, elle se consacra à satisfaire les commandes que lui passaient communautés et couvents de la région : statues, vitraux, peintures. Ne pouvant plus faire de sculptures, dans la dernière étape de sa vie, elle se consacra à ses dessins religieux. C'est à cette époque qu'elle fit éditer en « image pieuse » ce beau visage de Christ en croix, dont certains spécialistes pensent qu'il lui fut inspiré par le Christ de Limpias, dans le nord de l'Espagne, réalisé au XVIIe siècle par un certain Pierre de Mena. Elle mourut vers 1980. Il est donc trop tard pour recevoir d'elle d'autres informations sur « son » Christ.

Mais ce dessin est devenu bien plus que cela, quoi qu'il en soit de son indiscutable beauté, quand il est devenu celui d'un Christ « en larmes », cas unique, semble-t-il, car s'il y a beaucoup d'icônes qui exsudent, il n'y a qu'UNE image du Christ placée à côté d'une icône et ayant ce type d'effusions rouges !

EN GUISE DE CONCLUSION

Extraits d'une lettre reçue par Paul le 4 mars 1993 :

« *L'action des icônes obéit à un plan*
et non à une théorie,
à une volonté manifestée dans une suite d'événements
et non à une pensée abstraite...

Dieu nous fait signe avec des choses
qui nous touchent...
Dieu interpelle notre foi avec un contact sensible :
– une image qui coule ;
– sur un visage des yeux qui versent des larmes.
Qui d'entre nous aurait imaginé une pareille fiction ?

Ces "exsudations" sont comme
une trouvaille d'enfant...
Le rapport aux icônes est une reprise du regard
d'enfance,
découverte candide d'une valeur
de vie essentielle.

L'oratoire... c'est juste un lieu privé,
un "chez soi",
où Marie et Jésus ont élu domicile.

Évidemment,
cette élection n'est pas dans les habitudes,
quoiqu'elle sous-entende que Marie et Jésus
sont présents dans tous les foyers...

L'effet de présence prend un tour différent
auprès de cette icône et de cette image...
Sans doute parce que la volonté divine
a décidé d'une œuvre spéciale
pour le moins déroutante
pour les esprits sûrs d'eux-mêmes.

Il faut se tenir à l'écoute,
prier simplement et dans la confiance,
tout remettre à Jésus,
chercher le bien de nos frères dans le Sauveur.

Que de changements ont eu lieu,
que de situations critiques retournées
en faveur de la foi...
que de désespoirs dissous
et remplacés par la joie...

La grâce est agissante auprès des icônes,
tout le monde y reçoit des grâces
même si elles demeurent cachées...

Le service des icônes est une tâche exigeante,
elle demande une disponibilité
qui ne compte pas les heures
et un parfait désintéressement.

En fait, un tel service n'est possible
que s'il revêt le caractère d'une mission.

L'œuvre avance à son rythme...
Quelle joie de voir l'amour de Jésus s'étendre
par l'impulsion des grâces de l'oratoire ! »

LE PARFUM DE L'ICÔNE

Témoignage d'Olivier Clément

... Voici l'icône à Montréal,
dans la chambre de José Muñoz.
A la fin de novembre 1982, en pleine nuit,
il est éveillé par ***un parfum intense***,
parfum de rose,
ou – plus exactement – ***de Saint-Chrême***...
Ce chrême, ou myrrhon, est lui-même ***une prodigieuse synthèse de parfums, un « poème olfactif »***.
A Constantinople, dans les dépendances du patriarcat,
j'ai admiré l'incroyable cuisine
où l'on mijote ***ce mélange subtil,***
combien charnel lui aussi,
de l'Esprit, « huile d'allégresse ».

*

Jérusalem a souligné l'importance de l'ouïe ;
Athènes... celle de la ***vision***.
La Mère de Dieu... préfère l'enchantement du parfum. L'odorat est, avec le goût, le sens le plus charnel.
Mais le goût est égocentrique :

le nourrisson dévore sa mère ;
tandis que le parfum définit une rencontre, une contemplation.
Le petit enfant devient conscient de sa mère par le parfum de celle-ci...

*

Depuis cette nuit de novembre 1982,
l'icône n'a cessé d'exsuder cette huile mystérieuse...
Il suffit d'un petit morceau de coton
ainsi imprégné
pour embaumer une pièce,
... et parfois une âme.
José Muñoz emmène parfois l'icône
au-delà des mers
dans les paroisses et monastères
de la juridiction à laquelle il appartient.
Au Québec, les catholiques aussi aiment les icônes.
Des reproductions de la « Portaïtissa » collées sur bois se sont répandues par centaines,
dans des églises et des familles catholiques.
Et voici que le même miracle,
la même huile parfumée apparaissent
sur ces innombrables reproductions.
L'icône miraculeuse, ses reproductions,
parfois simplement des petits morceaux de coton,
imprégnés de myrrhon,
guérissent les corps, mais surtout les âmes,
comme Soljenitsyne l'a souligné.

*

L'autre signification pourrait être
que la Mère de Dieu semble désormais intervenir

entre catholiques et orthodoxes
pour hâter la recomposition de l'unité chrétienne.
Déjà, à Medjugorje, elle est apparue
à la frontière de deux chrétientés,
dans une région marquée
– pendant la Seconde Guerre mondiale –
par le massacre de nombreux Serbes orthodoxes,
livrés à des extrémistes croates catholiques,
la haine ethnique et politique prenant,
comme en Irlande du Nord,
le masque de la religion.
Les Croates, ne l'oublions pas, avaient été
passablement maltraités par les Serbes,
durant l'entre-deux-guerres.

A des paysans peu portés à sympathiser
avec leurs voisins orientaux,
la Vierge a déclaré
que catholiques et orthodoxes ne devaient pas tenter de se convertir mutuellement,
mais – bien plutôt – entrer dans une sorte d'émulation spirituelle,
assurant qu'elle serait particulièrement vénérée par le peuple russe.

*

A Montréal, le miracle s'est produit
dans la juridiction orthodoxe :
l'Église « russe hors frontières »,
la plus fermée !
Piété des intégrismes,
et leur fidélité aveugle,
faite de peur et de haine,
et leur clôture...

Et voici que les reproductions de l'icône,
qui se trouvent chez des catholiques,
présentent le même miracle,
réalisent les mêmes bienfaits...
Ils se pressent pour vénérer l'icône.
On ne peut les mettre à la porte !

*

Une apparition en Yougoslavie,
chez les catholiques les plus méfiants envers les orthodoxes ;
un miracle au Canada,
chez les orthodoxes les plus hostiles au catholicisme ;
étrange yin-yang de l'amour !
Ce sont ***des signes pour les pauvres,***
pour ces pauvres que nous sommes tous.
Il serait temps d'y faire attention...

L'ICÔNE DE TOULOUSE ET MEDJUGORJE : LE MÊME MESSAGE URGENT POUR L'UNITÉ

Témoignage de Cyrille Auboyneau

Cette icône qui exsude, ce n'est pas de la blague. C'est vraiment un événement majeur, non seulement cette icône, mais d'autres qui exsudent dans d'autres pays du monde, je pense notamment à celle de Montréal, bien sûr, mais à beaucoup d'autres dont on ne parle pas, aux États-Unis, mais aussi et surtout dans les pays orthodoxes, notamment en Russie, à Moscou, à Saint-Pétersbourg...

Ce phénomène que nous pouvons observer un peu partout dans le monde, c'est un appel grave pour l'humanité et pour l'Église. La première chose à faire, c'est donc de se mettre pleinement en face de la gravité de cet événement pour essayer d'analyser ce que cela nous « signifie ».

J'ai vécu sept ans à Medjugorje, qui est un lieu où maintenant encore la Sainte Vierge apparaît, en Bosnie, au cœur d'une région où se déroule une guerre civile terrifiante, d'une cruauté rarement atteinte. Et cependant, Marie continue à apparaître au milieu de cette violence [1]. Comment comprendre ? Bien que chrétien avant d'y aller, Medjugorje est l'événement central de ma vie, car j'y ai vraiment rencontré Marie et, à travers elle, Jésus.

Je pense que nous devons voir tous ces événements – Medjugorje et d'autres apparitions –, d'autres icônes, d'autres phénomènes mystiques, d'autres révélations, comme faisant un tout et nous délivrant un message, le même message partout, le même message urgent.

Comme Medjugorje, cette icône a pour moi beaucoup d'importance, du fait de mon histoire personnelle. Ma mère était orthodoxe et m'a élevé dans l'orthodoxie. Mais mon père était catholique et j'ai été baptisé dans l'Église catholique. Mes parents ont donc fait de moi à la fois un orthodoxe et un catholique. Pendant trente-trois ans, j'ai prié dans l'orthodoxie et j'ai appris sa théologie. Et puis, à Medjugorje, j'ai rencontré le meilleur de ce que peut donner la tradition catholique occidentale. Le problème fondamental, pour moi, c'est l'unité des chrétiens. C'est le problème fondamental pour l'avenir du christianisme, de l'Église et, en conséquence, pour l'avenir de l'humanité.

Il m'apparaît évident que le Seigneur a un plan pour l'unité, qu'il s'agisse des mystiques, de Medjugorje ou de l'icône, tous ces phénomènes doivent être replacés dans la perspective de l'unité. Dans la crise actuelle, dans sa situation de crise actuelle, l'Église ne pourra pas survivre sans une démarche profonde vers l'unité. Je pense que le Seigneur, à l'heure actuelle, nous montre de façon insistante et

1. Cyrille AUBOYNEAU : *La vérité sur Medjugorje, clef de la paix* (éd. F.-X. de Guibert).

très précise que nous devons aller vers l'unité. Parlant comme catholique à d'autres catholiques, je pense que le premier pas de cette unité voulue par le Seigneur doit d'abord être fait vers l'orthodoxie. C'est une vérité difficile à dire et à entendre, mais elle doit maintenant être dite et acceptée. Il est maintenant trop tard, nous sommes trop avancés dans la décadence de notre civilisation pour taire la vérité, pour ne pas dire toute la vérité.

Nous sommes rassemblés autour d'une icône orthodoxe, entièrement orthodoxe. Il n'y a rien dans cette icône qui ait trait à la tradition catholique latine, elle a été peinte par des moines orthodoxes selon une tradition presque bimillénaire qui remonte aux deux premiers siècles de l'Orient chrétien. Et cette icône a été vénérée pendant des siècles et des siècles par des moines, des religieuses, des prêtres, des fidèles orthodoxes. L'intérêt de l'Occident chrétien pour les icônes est récent. Il date de la fin du XIXe siècle. Avant, elles étaient rejetées.

Quel sens peut donc avoir le fait qu'une icône purement orthodoxe exsude de l'huile chez un catholique, dans une communauté chrétienne catholique ? Il me semble que c'est le signe évident que Dieu attend de nous que nous tournions nos regards vers l'orthodoxie. C'est le sens premier. Peut-être dérange-t-il beaucoup de gens. Cela m'est apparu immédiatement comme une évidence et comme le signe le plus important de ce phénomène. Au début, j'ai eu peur de le dire, pensant que ce serait trop choquant, puis je me suis aperçu que les choses changent, que les cœurs s'ouvrent, que les hommes et les femmes de France en particulier sont très ouverts pour entendre ce message et recevoir ce signe.

Cette icône orthodoxe exsude de l'huile. Il faut donc considérer l'huile dans la tradition orthodoxe. Or, l'huile est un double symbole très fort dans l'orthodoxie : la guérison et la plénitude de l'Esprit Saint.

Ce symbole profond de l'huile parfumée représente la plénitude de l'Esprit Saint et je crois qu'à travers cette icône le Seigneur veut nous dire que, dans l'orthodoxie aussi, il y a une plénitude, comme dans le catholicisme il y a une plénitude. Dans la crise spirituelle que nous connaissons aujourd'hui, il nous est demandé de nous tourner vers l'orthodoxie, non pas pour prendre ce qu'elle a de mauvais, ou ce qui en elle n'est pas pleinement dans la lumière, mais pour prendre ce qu'elle a de mieux parce que c'est indispensable pour notre salut et pour la guérison du christianisme en Occident. Dans l'orthodoxie, et c'est vécu encore aujourd'hui d'une manière très forte, l'huile représente le moyen de la guérison ; l'onction des malades n'est pas un geste banal, elle représente l'espoir, l'instrument de la guérison.

Plénitude de la vérité dans l'Esprit Saint, plénitude de la guérison... le monde d'aujourd'hui a besoin de ces dons que Marie nous apporte pour sortir de la crise intellectuelle, morale et spirituelle, peut-être sans précédent dans l'histoire de l'humanité, qui marque cette fin du XXe siècle.

Extraits de la
MESSE EN L'HONNEUR DE
« MARIE, PORTE DU CIEL »

• *Antienne d'ouverture*

Nous te saluons, Vierge en qui repose la Parole.
Tu es la porte du paradis :
Quand tu donnes Dieu au monde,
tu nous ouvres le Ciel.

• *Prière*

Dieu qui as voulu, dans ta bonté, que ton Fils soit la porte du Salut et de la Vie, accorde-nous, à la prière prévenante de la Vierge Marie, de demeurer fidèles dans amour du Christ, et que s'ouvrent pour nous les *portes de la Cité du Ciel.*

• *Prière sur les offrandes*

Nous offrons, Seigneur, à ta gloire, le sacrement de l'unité et de la paix, en faisant mémoire de la Vierge Marie, car elle est la *porte de la Vie*, d'où est sorti le Salut du monde...

• ***Antienne de la Communion***

Heureuse es-tu, Vierge Marie,
porte brillante de lumière :
par toi le Christ, Lumière du monde,
a resplendi pour nous.

• ***Prière après la Communion***

Nourris de ton sacrement et remplis de ta joie, nous te supplions, Seigneur : par l'intercession de la Vierge Marie, par qui le Sauveur est venu en ce monde, que descende jusqu'à nous le don de ta grâce et que s'ouvre pour nous *la porte du Ciel.*

TABLE DES MATIÈRES